Kathrin Sliwka

Wirtschaftliche Mehrfachverwertung durch elektr

Probleme und Perspektiven

Bibliografische Information der Deutschen Nationalbibliothek:

Bibliografische Information der Deutschen Nationalbibliothek: Die Deutsche
Bibliothek verzeichnet diese Publikation in der Deutschen Nationalbibliografie;
detaillierte bibliografische Daten sind im Internet über http://dnb.d-nb.de/ abrufbar.

Copyright © 1997 Diplomica Verlag GmbH
Druck und Bindung: Books on Demand GmbH, Norderstedt Germany
ISBN: 9783838640273

http://www.diplom.de/e-book/219661/wirtschaftliche-mehrfachverwertung-durch-
elektronische-medien

Kathrin Sliwka

Wirtschaftliche Mehrfachverwertung durch elektronische Medien

Probleme und Perspektiven

Diplom.de

Kathrin Sliwka

Wirtschaftliche Mehrfachverwertung durch elektronische Medien

Probleme und Perspektiven

Seminararbeit
an der Berufsakademie Ravensburg
Fachbereich Wirtschaft
Lehrstuhl für Dr. Roger Münch
Januar 1997 Abgabe

Diplom.de

Diplomica GmbH
Hermannstal 119k
22119 Hamburg

Fon: 040 / 655 99 20
Fax: 040 / 655 99 222

agentur@diplom.de
www.diplom.de

ID 4027
Sliwka, Kathrin: Wirtschaftliche Mehrfachverwertung durch elektronische Medien ·
Probleme und Perspektiven
Hamburg: Diplomica GmbH, 2001
Zugl.: Ravensburg, Berufsakademie, Seminararbeit, 1997

Inhaltsverzeichnis

Anlagenverzeichnis

Abbildungsverzeichnis

I. Vorwort

Wirtschaftliche Mehrfachverwertung - allein der Titel dieser Arbeit, sollte jeden, an Umsatz- und Gewinnerzielung orientierten Verleger, interessieren. Einmal gekaufte Informationen in mehreren Produkten zu verwerten und so mehr Gewinn zu erzielen, ist eine reizvolle Vorstellung. Die neuen, elektronischen Medien bieten hierzu alle Möglichkeiten. Durch neue Produkte ermöglichen sie den Zugang zu neuen Märkten und Zielgruppen, bieten die Chance für Zusatzverkäufe oder erhöhen, dank höherer Aktualität die Kauffrequenz. Dennoch sind viele deutsche Verleger skeptisch, ob sich ein Umstieg auf neue Medien lohnt. Zu groß sind die Unsicherheiten über die Marktakzeptanz und damit letztlich das Investitionsrisiko. Zusätzlich fehlen in vielen Verlagen ausreichende Erfahrungen und das entsprechende Know-how.

Diese Arbeit wird sich deshalb mit Risiken und Problemen des elektronischen Publizierens ganz allgemein, und besonders mit der zusätzlichen Verwertung bereits vorliegender Information mit elektronischen Medien befassen. Diese sogenannte Mehrfachverwertung, kann durch geringere Kosten für die Informationsbeschaffung bzw. durch bereits vorliegende Markterfahrungen (über das Printprodukt) das Investitionsrisiko deutlich senken. Andererseits bringt die Mehrfachverwertung ihre eigenen Probleme mit sich, beispielsweise im Bereich der Datenhaltung oder des Urheberrechtes.

Doch auch die Vorteile der neuen Medien sollen angemessene Beachtung finden. Denn die Frage nach dem elektronischen Publizieren beinhaltet eine enorme strategische Bedeutung. Gerade langfristig kann der Umstieg auf neue Medien Erfolgspotentiale beinhalten, wenn nicht sogar die einzige Lösung zur Sicherung des Unternehmensfortbestandes sein.

Es wird also versucht zu klären, ob es wirtschaftlich sinnvoll und rentabel ist, im Unternehmen vorhandene Informationen zusätzlich zum Printprodukt auch durch neue Medien zu vermarkten. Ein kurzer Ausblick in die Zukunft des elektronischen Publizierens anhand aktueller Marktuntersuchungen schließt die Arbeit ab.

Leider ist zur Thematik „Mehrfachverwertung" kaum Literatur zu finden. Dies liegt wohl daran, daß weder Verlage noch Autoren zwischen „Mehrfachverwertung" und „Electronic Publishing" unterscheiden. Tatsächlich basieren im Moment gut 60 % aller elektronischen Verlagsprodukte auf Printprodukten. Mehrfachverwertung scheint also die Hauptaktivität deutscher Verlage im elektronischen Publizieren zu sein. Probleme und Chancen, wie sie in der Literatur erörtert werden, sind deshalb meist ohne Probleme auf Mehrfachverwertung zu übertragen.

In weiten Bereichen der Arbeit wurde daher nur auf Aspekte des elektronischen Publizierens allgemein eingegangen. Wo es sich anbot, wurden diese Aspekte noch auf „Mehrfachverwertung" hin verdichtet. Soweit keine speziellen Probleme zu erkennen waren, wurde die Erörterung allerdings auf elektronisches Publizieren beschränkt. In diesem Fall muß von einer umfassenden Gültigkeit, auch für Mehrfachverwertungen ausgegangen werden.

II. Grundlagen des elektronischen Publizierens

A. Begriffsabgrenzung

Es ist die Pflicht eines Verlages, dafür zu sorgen, daß das Werk eines Autors von so vielen Menschen wie möglich gelesen wird! Daraus erwächst die Aufgabe, neben einem angemessenen Vertrieb der Originalausgabe auch für die Einholung von Nebenrechten zu sorgen.

Diese ursprüngliche Form der Mehrfachverwertung (im Folgenden : MFV) wird von Verlagen schon seit langem, über die sogenannten Verwertungsrechte praktiziert. Grundsätzlich stehen dazu Hardcover-, Buch-, Taschenbuch-, Buchclub-, Luxus- oder jegliche andere Ausgaben zur Verfügung. Auch Bühnenaufführungen oder Zeitungsabdrucke sind denkbar. Ins Ausland können Übersetzungsrechte vergeben werden, die wiederum alle vorgenannten Möglichkeiten beinhalten. Im Zuge zunehmender Technisierung wurde diese MFV zunehmend auch auf buchferne Nebenrechte wie Film, Fernsehen, Video oder Tonträger (Hörbuch) ausgedehnt.[1]

Seit Mitte der achtziger Jahre müssen Verleger hinsichtlich der multiplen Verwertung von Informationen zunehmend auch in der Dimension elektronischen Publizierens (im Folgenden: EP) denken. Will man verstehen, was eine MFV von Informationen mittels elektronischer Medien bedeutet, sollte man sich zunächst vor Augen halten, welche Bereiche der Begriff „Elektronisches Publizieren" an sich eigentlich umfaßt.

Die ersten Definitionsversuche stammen aus den 80er Jahren. Zu diesem Zeitpunkt beinhaltete der Begriff „... alle Technologien, Arbeitsgebiete und Sachkenntnisse die von einem Verleger benötigt werden, der die neuen Medien anwendet."[2]

Er umfaßte somit: „- den Einsatz von Rechnern, um die Herstellung von Druckerzeugnissen
                        über Fotosatz zu erleichtern,

                        - den Einsatz von Rechnern und Telekommunikationssystemen, um den
                        Benutzern Daten auf elektronischem Wege zur Verfügung zu stellen."[3]

Demnach bedeutet EP also nichts anderes, als daß gedruckte Werke mit Hilfe elektronischer Medien hergestellt und verbreitet werden.

Eine aktuellere Begriffsdefinition ist die Version von Riehm u.a., aus dem Jahre 1992. Diese Definition beinhaltet zusätzlich den Bereich des Multimedia Publishing, also der Integration verschiedener Medien in einem Produkt:

„1. Elektronisches Publizieren wird produktionsorientiert verstanden, d.h. in erster Linie als Unterstützung bei der computerunterstützten Herstellung von (herkömmlichen) Publikationen.

---

[1] Vgl. RÖHRING, „Wie ein Buch entsteht", Wiss. Buchgesellschaft, S. 1, 157-167; SCHULZE, „Meine Rechte als Urheber", Beck-Rechtsberater im dtv, S. 72
[2] KIST, „Elektronisches Publizieren", Raabe Verlag, S.7
[3] KIST, „Elektronisches Publizieren", Raabe Verlag, S.7

2. Elektronisches Publizieren wird distributionsorientiert verstanden, d.h. es wird vorrangig auf die über elektronische Medien vermittelte Verteilung (elektronischer) Publikationen bezogen.

3. Elektronisches Publizieren bezeichnet neuartige, innovative, elektronische Präsentations- und Publikationsformen, die mit herkömmlichen Mitteln nicht erreichbar sind (z.B. Integration von Text, Grafik, Animation und Ton in einem Dokument)."[4]

Bei einer MFV mit elektronischen Medien werden Text- und Bildinformationen in digitalisierter Form gespeichert. Dadurch ergibt sich die Möglichkeit, sie zu Druckvorlagen weiterzuverarbeiten (für die Herstellung von Printprodukten) oder sie in digitaler Form zu verbreiten, d.h. sie auf Datenträger zu bringen oder in Netze einzuspeisen. MFV bezieht sich demnach vorwiegend auf den zweiten Aspekt der Definition.

Ob dabei ein multimedialer Aspekt miteinbezogen wird, also ob Medien wie Video, Ton oder Animation in das Produkt integriert werden, ist für die Begriffsabgrenzung zunächst sekundär. Dies hat vielmehr Auswirkungen auf den Nutzen und die Akzeptanz des Produktes.[5]

B. Die Wahl der Technologieplattform

1. Die wichtigsten Offline Medien und ihre Marktstellung

Wenn ein Verlag sich für die Veröffentlichung elektronischer Medien entscheidet, steht er zunächst vor der Wahl zwischen Online- und Offline-Medien.

Offline-Medien charakterisieren sich dadurch, daß zur Nutzung der Medien ein Computer alleine (natürlich mit entsprechendem Abspielgerät) ausreicht. Das Arbeiten mit Online-Medien hingegen ist dadurch gekennzeichnet, daß der Rechner des Anwenders über eine Datenleitung auf einen anderen Computer zurückgreift, und die dort befindlichen Daten entweder nur einsieht, oder zur Nutzung ganz bzw. teilweise auf seinen Computer herunterlädt.

Zu Offline-Medien zählen daher alle externen Speichermedien, wie z. B. Disketten, Compact Discs oder elektronische Bücher. Medien, die zwar nur unter Zuhilfenahme elektronischer Techniken nutzbar sind, aber nicht auf die Ressourcen anderer Computer zurückgreifen. Sie unterscheiden sich hinsichtlich ihrer Speicherkapazität, der nötigen technischen Ausstattung, etc.[6]

Eines der ältesten peripheren Speichermedien ist die Diskette. Aufgrund ihrer relativ geringen Speicherkapazität (nur 1,44 MB, zum Vergleich: CD-ROM 650 MB) hat sie in den letzten Jahren an Bedeutung verloren. Dennoch wird sie mittelfristig nicht aus dem Bereich elektronischer Medien wegzudenken sein. Ihr Hauptvorteil liegt darin, daß sie nicht nur lesbar ist, sondern auch (mehrfach) mit

[4] RIEHM u.a., „Elektronisches Publizieren", Springer Verlag, S. 9
[5] Vgl. VAN HAAREN/HENSCHE, „Multimedia", VSA Verlag, S. 66; PITZER, „Stichwort: Information Highway", Heyne Verlag, S. 45
[6] Eine Übersicht hierzu liefert die in Anlage 1 gelieferte Gegenüberstellung, Vgl. „Bertelsmann Lexikon Informatik"

Daten beschrieben werden kann. Außerdem sind derzeit rund 84% aller privat genutzten PCs mit einem 3,5'' Diskettenlaufwerk (im Folgenden: -LW) ausgestattet. Dies entspricht einem Marktpotential von 8,67 Millionen.[7] Ein weiteres Offline-Medium ist die Compact Disc. Ursprünglich als Tonträger (Audio-CD) entwickelt, haben sich bis heute verschiedenste Subprodukte entwickelt. Diese reichen von der allseits bekannten CD-ROM, über die Video-CD (speziell zum Abspielen von Filmen) bis hin zur CD-Erasable, die bis zu 100 mal gelöscht und beschrieben werden kann.[8] Für Verlage, dürfte derzeit wohl die CD-ROM am wichtigsten sein. (Andere Standards sind zu speziell oder haben noch keine ausreichende Markttiefe erreicht). Tatsächlich steigen die meisten Verlage heute mit der Produktion von CD-ROMs ins EP ein. Kein Wunder, betrachtet man die wichtigsten Vorteile des Mediums:

- In Deutschland sind ca. 11,69 Mio. CD-Laufwerke auf beruflich und privat genutzten PCs installiert.[9]

- eine wahre Titelexplosion kennzeichnet den deutschen CD-ROM Markt. 1996 wuchs die Zahl lieferbarer Titel um gut 40% (=5.000 Neuerscheinungen) auf derzeit 16.000 Stück. Bis zur Jahrtausendwende wird mit 40.000 lieferbaren CD-ROM-Titeln gerechnet.

- Die Produktionskosten für CD-ROMS sind kontinuierlich gesunken, wodurch es mittlerweile möglich ist, auch geringe Auflagen kostengünstig zu produzieren.

- Die Speicherkapazität von CD-ROMs ist sehr hoch.

- Das Kopieren einer CD ist für den Endverbraucher in der Regel nicht möglich.[10]

Im Verlagsbereich könnte noch die CD-Interactive an Bedeutung gewinnen, eine von Philips entwickelte CD-Technologie. Sie benötigt ein eigenes CD-I-Abspielgerät und wird an einem herkömmlichen Fernseher ausgegeben. Die Einzigartigkeit dieses Mediums liegt darin, daß die CD-I interaktiv genutzt werden kann. „Bisher ist es Philips nicht gelungen, sein Format auf dem Markt durchzusetzen. So besitzt nur ca. 1 Prozent der Bundesbürger ein CD-I-Abspielgerät, weshalb nur wenige Anbieter die CD-I als Trägermedium zur Vermarktung ihrer Inhalte nutzen."[11]

Auf dem Vormarsch im Bereich der Offline Medien sind noch elektronische Bücher. Auch hier gibt es einige Produkte, deren Spezifikationen sich je nach Hersteller unterscheiden (z.B. Data Discman von Sony). Bei elektronischen Büchern handelt es sich vereinfacht gesagt um „Minicomputer" im Taschenrechnerformat. Eine Möglichkeit zur Eingabe durch den Benutzer ist in der Regel nicht gegeben. Sony`s Data Discman wurde 1991 erstmals in Deutschland eingeführt - bislang stockt der Markt jedoch.[12]

---

[7] Siehe hierzu auch Anlage 4; Vgl. VOGEL, „Fachverlage: Behutsame Schritte zum Electronic Publishing", Media Perspektiven 10/96, S. 528
[8] Eine Übersicht über die wichtigsten aktuellen und zukünftigen CD Technologien bietet Anlage 1
[9] Siehe hierzu auch Anlage 4
[10] Vgl. VOGEL, „Fachverlage...", a.a.O., S. 527 f.; GRAF/TREPLIN, „Multimedia Handbuch", Hightext Verlag, S. 2.2.4-1 f.; AMAIL, „Electronic Publishing", Hightext Verlag, S. 20; O.V., „Die Scheibe ist nicht zu bremsen", w&v 44/96, special Multimedia, S. 28-30
[11] BELLINGHAUSEN, „CD-ROM - Einstieg ins Multimediazeitalter", Media Perspektiven 10/95, S. 489
[12] Vgl. AMAIL, „Electronic Publishing", a.a.O., S. 22

2. Online-Anbieter und Internet

Online publizieren bedeutet nichts anderes, als Informationen so auf einem Rechner zu speichern, daß sie von außen zugänglich sind. Der interessierte Anwender greift über ein Datennetz auf den Rechner des Anbieters zu, und sieht dessen Informationen ein. Verlage haben dabei drei Möglichkeiten ihre Angebote ins Netz zu bringen:

- entweder sie beanspruchen einen kommerziellen Service Provider, wie z.B. AOL, Compuserve oder ähnliche[13],

- sie wenden sich an einen „kleinen" Online-Anbieter (etwa einen fachspezifischen z.B. Genios oder lokalen Netzanbieter z.B. Bürgernetz München),

- oder sie bieten ihren Dienst über einen eigenen Server an (der Nutzer wählt sich direkt in das Netzwerk der Firma ein).

Diese Möglichkeiten unterscheiden sich deutlich hinsichtlich der zu leistenden Kosten. Während kommerzielle Service Provider relativ hohe, monatliche Gebühren verlangen. Daneben wird für jede zusätzliche Tätigkeit (etwa eine Aktualisierung) meist ein Extra-Honorar fällig. Bei einem eigenen Server muß dagegen mit hohen Investitionen für die Technik bzw. mit hohen laufenden Kosten für die Pflege der Datenbank gerechnet werden. Es ist also abzuwägen, welche Version für das Unternehmen am günstigsten ist. Haupteinflußfaktoren dürften dabei die Abstände der Aktualisierung, die bereits vorhandene technische Ausrüstung und das vorhandene Know-how der Mitarbeiter sein.

„Onlinedatenbankdienste sind in Deutschland schon seit Jahrzehnten bei professionellen Anwendern bekannt. Seit Mitte der 70er Jahre werden in Großrechnern Informationen und Datenbestände gesammelt und über Daten- und Telefonleitungen weitergereicht. Behörden, Verbände und Firmen geben dabei ihre Informationen und Datenbestände an Datenbankanbieter, die sie aufbereiten und über zentrale Hostrechner ihren Abonnenten zumeist über Datex-P-Leitungen zur Verfügung stellen."[14]

Über allen Online-Diensten liegt das Internet. Es ist das „größte, nicht-kommerzielle Computernetz der Welt" und „wächst mit atemberaubender Geschwindigkeit". Es „wurde ursprünglich für militärische Zwecke geschaffen und verbindet heute ca. drei Millionen Großrechner, die vor allem in Universitäten, Forschungsinstituten, Bibliotheken, Archiven und Behörden stehen."[15]

Der Privatanwender bekommt den Zugang zum „Netz der Netze" meist über den kommerziellen Service-Provider der von zu Hause per Modem angewählt wird. Im Moment stehen in 4 bis 5% aller deutschen Haushalte ein PC mit Modem. Dies entspricht einer Zielgruppengröße von etwa 1,8 Millionen Personen. Zusätzlich haben ca. 4 Millionen Personen über den Arbeitsplatz oder die Universität Zugang zum Internet.[16]

[13] Eine Übersicht über die wichtigsten kommerziellen Online-Anbieter gibt Anlage 2
[14] VOGEL, „Fachverlage...", a.a.O., S. 529; Vgl. „Electronic Publishing - Strategic Developments for the European publishing Industry towards the Year 2000", Studie der Andersen Consulting im Auftrag der Europäischen Kommission, S. 308 ff.
[15] PITZER, „Stichwort...", a.a.O., S. 15
[16] Vgl. VOGEL, „Fachverlage...", a.a.O., S. 527; O.V., „Datennetz mit Fallstricken", w&v 44/96 special Multimedia, S. 48

Verlage haben also grundsätzlich „drei Möglichkeiten multimedial aktiv zu werden: mit Diskette, mit CD-ROMs oder Online. Welches Trägermedium oder welche Kombination sich für den Verlag besonders eignet, ist erstens vom Verlagsprogramm, zweitens von der Qualität sowie der Systemstruktur im Verlag und drittens von der erwünschten Zielgruppe abhängig."[17] Keinesfalls darf die Entscheidung Print oder Elektronisch bzw. die Wahl des Trägermediums alleine von den potentiellen Nutzerzahlen und den Kosten abhängig gemacht werden.

Denn: der Konsument wird in seinem Verhalten vorwiegend von gewachsenen Bedürfnissen und Gewohnheiten bestimmt, die sich nur langsam ändern.

So schön manche Zahlen auch klingen: „Der Zugang zu Multimedia-Angeboten in Form von Geräten bzw. Anschlüssen darf nicht mit der effektiven Nutzung bzw. Inanspruchnahme von entsprechenden, zumeist entgeltpflichtigen Programmen/Diensten verwechselt werden."[18] Entscheidend für den Erfolg eines Produktes ist also nicht das Medium und der Preis, sondern vielmehr die optimale Ausnutzung des Mediums entsprechend dem Inhalt bzw. der Zusatznutzen der bei elektronischen Produkten immer gegeben sein sollte.

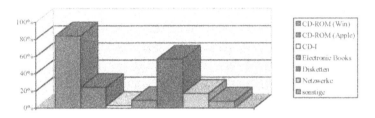

Abb. 1: Technologieplattformen im EP[19]

Wie beigefügte Grafik zeigt werden die meisten elektronischen Publikationen heute auf CD-ROM für Windows bzw. auf Diskette veröffentlicht. Netzwerke nehmen derzeit noch eine relativ geringe Marktposition ein.

[17] VOGEL, „Fachverlage...", a.a.O., S. 527
[18] SCHRAPE, „Der Medienkonsument" 2010", w&v Future 51/95, S. 48
[19] Quelle: AMAIL, „Electronic Publishing", a.a.O., S. 71

C. Die Spannweite elektronischer Publikationen

1. Das Verhältnis zum Printprodukt

Elektronische Verlagspublikationen differenzieren sich nicht nur über die zugrundegelegte Plattform sondern auch bezüglich Ihres Verhältnisses zum Printprodukt. Dabei wird nach drei Kategorien unterschieden:

a) *Supplemente (Add-Ons):* Sie ergänzen konventionelle Publikationen. Beispielhaft zu nennen wären Disketten-/CD-Beilagen zu einem Buch/einer Zeitschrift, aber auch Vorabdrucke in Netzwerken. Bei letzteren wird das Inhaltsverzeichnis oder auch Teile des Textes dem Leser zugänglich gemacht.

b) *Surrogate:* Hierbei wird die herkömmliche Publikation über ein neues Medium transportiert. Eine mediengerechte Aufbereitung des Themas erfolgt selten. Es werden lediglich Anpassungen vorgenommen, die das Printprodukt für das Medium nutzbar machen; z.B. Telefonbücher auf CD-ROM oder in T-Online. Der Inhalt wird nicht verändert, nur Suchfunktionen etc. werden hinzugefügt.

c) *Eigenständige Produkte:* Diese Produktvariante bildet heute meist noch eine Seltenheit unter den elektronische Publikationen. Gemeint sind Produkte, die keinerlei Beziehungen zu den konventionellen Produkten des Verlagsprogrammes haben. Es werden lediglich die vorhandenen Ressourcen genutzt, um ein völlig neues, mediengerecht gestaltetes Produkt herzustellen.

Im Moment sind nur gut 35,5% aller in Verlagen produzierten elektronischen Produkte originär, also eigenständig. 23,9% wurden aus anderen Produkten abgeleitet, und 40,6% aller elektronischen Titel waren Supplemente. Der Grund hierfür dürfte in den hohen Entwicklungskosten aufwendigerer Produkte zu suchen sein. Diese liegen in einer Größenordnung von 300.000 DM und mehr.[20]

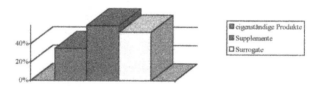

Abb. 2: Verhältnis der elektronischen Titel zum übrigen Verlagsprogramm[21]

---

[20] Vgl. AMAIL, "Electronic Publishing", a.a.O., S. 66; VOGEL, "Fachverlage...", a.a.O., S. 528; GRAF/TREPLIN, "Multimedia Handbuch", a.a.O., S. 2.4.6.-1
[21] Quelle: AMAIL, "Electronic Publishing", a.a.O., S.67

2. Der Einsatz verschiedener Medien

Zusätzlich können elektronische Medien auch nach dem Einsatz verschiedener Medien differenziert werden.

Diesbezüglich unterscheidet Amail zwischen „flat und round applications". Flache Applikationen sind rein textorientiert. Sie sind meist durch geeignete Suchfunktionen, Programm- oder Dateisammlungen ergänzt. Runde Applikationen hingegen integrieren vielfältige Medien, sind also multimedial.[22] Ein Beispiel für eine runde Applikation wäre das „Bertelsmann Universal Lexikon". Hier wird die textliche Erklärung der Begriffe unterstützt durch Bilder, kurze Videos, Grafiken oder Toneinblendungen. Wie die Grafik zeigt ist dies allerdings bisher eher selten der Fall.

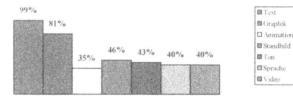

Abb. 3: Medieneinsatz in EP-Produkten deutscher Verlage[23]

Eine noch umfassendere Abgrenzung der Produkte hinsichtlich der Medienintegration stammt von Bellinghausen. Die Differenzierung bezieht sich zwar nur auf CD-ROM-Publikationen, dürfte sich aber problemlos auch auf alle anderen Trägermedien übertragen lassen. Unterschieden wird zwischen Datensamplern, CD-ROMs als Medienmix und CD-ROMs als neue Ausdrucksform.

Bei Datensamplern wird vorwiegend die Speicherkapazität des Mediums CD genutzt. Vielfach sind sie einfach als „Massenspeicher für Altware"[24] zu bezeichnen. Sie beinhalten Informationen (Bilder, Töne, Texte) zu einem bestimmten Thema. Der Nutzen besteht vorwiegend in Menge und Vielfältigkeit der Daten, die durch einfache Such- und andere Funktionen ergänzt werden.

Medienmix-CD-ROMs hingegen ergänzen die Textinformation durch Ton, Video oder Animation. Der Anwender profitiert vorwiegend von den Synergien der Medienintegration. Such-, Notiz- und Bearbeitungsfunktionen bilden einen weiteren Zusatznutzen gegenüber dem Printprodukt.

Letztlich kann die CD-ROM auch als neue Ausdrucksmöglichkeit verstanden werden. Autoren und Künstler, die das Medium beherrschen, erstellen autarke, neue Produkte, die ganz auf die spezifischen Möglichkeiten des Mediums zugeschnitten sind.[25]

[22] AMAIL, „Electronic Publishing", a.a.O., S. 68
[23] Quelle: AMAIL, „Electronic Publishing", a.a.O., S. 69
[24] BELLINGHAUSEN, „CD-ROM...", a.a.O., S. 493
[25] Vgl. BELLINGHAUSEN, „CD-ROM...", a.a.O., S. 492 f.

III. Die Wirtschaftlichkeit von Mehrfachverwertungen

A. Chancen durch Mehrfachverwertung für den Verlag

1. Erschließung strategischer Potentiale für das Unternehmen

Ein Verlag, der sich heute im Bereich elektronischer Medien engagiert, darf nicht mit übermäßigen Gewinnen rechnen. Zwar steigen die Renditen kontinuierlich (von 1995 auf 1996 um etwa 37%); das Marktvolumen liegt aber dennoch bei nur etwa 1-3%. Statistisch gesehen, konnte das Branchen Magazin „Multimedia" einen Reingewinn pro Titel von 200.000 DM ermitteln, doch im Vergleich zum herkömmlichen Printgeschäft sind diese Zahlen eher gering. Deutlich wird dies vor allem, wenn man beachtet, daß die durchschnittliche Lebensdauer eines Multimedia-Titels nur sechs bis neun Monate beträgt und mit Updates höchstens noch ein Zehntel des Umsatzes des Originalproduktes erreicht wird.

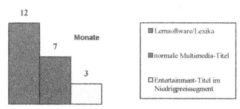

Abb. 4: Durchschnittliche Lebensdauer von Multimedia CD-ROMs[26]

Somit ergibt sich, daß im Jahr 1995 ca. 95% aller europäischen CD-ROM-Publisher noch rote Zahlen schrieben. Dennoch steigen immer mehr Verlage in das Geschäft mit den elektronischen Medien ein. In einer 1995 durchgeführten Befragung, gaben 50,8% der Befragten Verlage an, bereits elektronische Titel zu produzieren; weitere 28,3% planten einen baldigen Einstieg in das Geschäft.

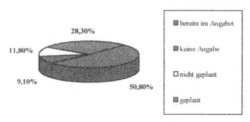

Abb. 5: EP-Aktivitäten deutscher Verlage[27]

---

[26] Quelle: O.V., „Nichts für die Ewigkeit", Multimedia Magazin Oktober 96, S. 3
[27] Quelle: GRAF/TREPLIN, „Multimedia Handbuch", a.a.O., S. 2.4.6.-1

Der Grund für diesen Run auf das neue Marktsegment kann also nicht in hohen Gewinnerwartungen liegen, sondern muß auf Seite der strategischen Unternehmenssicherung gesucht werden. Gerade in dynamischen Märkten ist es für ein Unternehmen extrem wichtig neue Anforderungen frühzeitig zu erkennen, um sich auch in Zukunft seinen Wettbewerbern gegenüber behaupten zu können.[28]

Im Moment sehen Verlage sich einer zunehmenden Konkurrenz, nicht nur aus eigenen Reihen gegenüber. Unternehmen aus der Telekommunikations-, der Computer- oder der Unterhaltungselektronikindustrie drängen in den EP-Markt. Dr. T. Laukamm, Geschäftsführer der Consulting Trust GmbH, Ratingen kommt in einer 1993 im Auftrag der europäischen Union durchgeführten Studie zu dem Schluß, daß „... Elektronisches Publizieren, egal auf welchem Medium, auch ohne die Verlage stattfinden wird!"[29] Tatsächlich sind heute nicht die großen Medienunternehmen wie Bertelsmann, Springer oder Burda die größten Verleger der Welt - sie kommen erst weit nach der amerikanischen Bundesregierung, IBM, Digital Equipment, Hewlett Packard und Volkswagen. Verleger sollten also möglichst bald ihren Markteintritt ins EP vorbereiten; anderenfalls werden sie zukünftig Marktanteile an andere Anbieter der Informationsindustrie verlieren.[30]

Es wird erwartet, daß der Markt für EP in Zukunft noch deutlich wächst bzw., daß sich das Absatzpotential durch zunehmende Globalisierung deutlich vergrößert.

Auf diese zukünftigen Märkte sollten die Unternehmen sich schon heute einstellen. Um mit elektronischen Publikationen erfolgreich zu sein, müssen einige Anforderungen erfüllt sein:

- in den Bereichen Planung und Herstellung sollte das Know-how für EP vorhanden sein. Dies betrifft vor allem eine gewisse Sensibilität im Umgang mit neuen Medien. Die beteiligten Mitarbeiter sollten „multimedial" denken um die Chancen der neuen Medien optimal ausnutzen zu können.

- Organisatorische Strukturen und Führungskonzepte müssen an die neuen Anforderungen angepaßt werden. So sollte z.B. ein Kundenservice aufgebaut werden, der dem Nutzer bei allen Problemen zur Seite stehen kann. Dies wurde in Verlagen bislang eher vernachlässigt, da Printprodukte normalerweise weder problematisch noch erklärungsbedürftig sind.

- um eine schnelle und unkomplizierte Abwicklung aller EP-Projekte zu gewährleisten, müssen im Unternehmen verschiedene Ressourcen zur Verfügung stehen. Neben dem erwähnten Know-how sind vor allem entsprechende EDV-Systeme und Lizenzen nötig.

- auch im Marketing-Bereich sind Anpassungen zu vollziehen. So müssen neue Absatzkanäle erschlossen werden (z.B. Computerläden, Techniksupermärkte etc.) aber auch Werbemaßnahmen müssen zunehmend angepaßt und verfeinert werden (als neue Werbeformen eignen sich z.B. Internet-Homepages, Demo-Disketten, etc.).[31]

---

[28] Vgl. GRAF/TREPLIN, „Multimedia Handbuch", a.a.O., S.2.4.6.-1; O.V., „Florierende Geschäfte", Multimedia Magazin Juli 96, S. 1ff.; O.V., „Nichts für die Ewigkeit", Multimedia Magazin Oktober 96, S. 3; „Electronic Publishing - Strategic Developments...", a.a.O., Executive Summary, S. 2; ZIMMER, „Online-Dienste für ein Massenpublikum", Media Perspektiven 10/95, S. 488; O.V., „CD-Publisher mit roten Zahlen", Multimedia Magazin 7/96, S. 1
[29] LAUKAMM, „Einstieg ins elektronische Publizieren", in: „Multimedia '94", Springer Verlag, S. 228
[30] Vgl. GLOWALLA, „Elektronische Lehrbücher als Schnittstelle zwischen Verleger, Autor und Leser", in: „Multimedia '94", a.a.O., MIDDELHOFF, „Zukunft Multimedia", Bertelsmann Briefe Herbst/Winter 1995
[31] Vgl. ROSBACH, „Frankfurt went electronic?", in: „Multimedia '94", a.a.O.; FAURE, „Elektronisch Publizieren...", a.a.O., S. 102; VAN HAAREN/HENSCHE, „Multimedia", a.a.O., S. 76

Veranschlagt man eine Lernzeit von fünf bis sieben Jahren um diese Voraussetzungen in den Betrieben zu schaffen, ist es heute also schon fast zu spät, um mit EP zu beginnen, wenn man zur Jahrtausendwende mit diesen Produkten erfolgreich sein will. Rossbach faßt diese Thematik wie folgt zusammen: „ Viele Verleger betrachten die Diskussion mit einer gewissen Gelassenheit und ziehen es vor, in dieser Phase der Unsicherheit abzuwarten, bis der Markt sich formiert hat, die Technologie stabil ist und die großen Investitionen zur Öffnung des Marktes (von anderen) gemacht wurden. Diese Strategie sieht zwar auf den ersten Blick vernünftig aus, birgt aber meines Erachtens ganz erhebliche Gefahren in sich.

Der Aufwand der geleistet werden muß, um eine gewisse Vertrautheit mit neuen Produktformen in der Planung, im Marketing und in der Produktion zu gewinnen, wird häufig unterschätzt. Es besteht dann die Gefahr, daß der vermeintliche Quereinstieg in das elektronische Publizieren das Unternehmen überfordert. In einem sich schnell weiterentwickelnden Markt wird dies zu Wettbewerbsnachteilen führen."[32]

Folgende Grafik zeigt die jeweiligen Vorteile, des frühen bzw. späten Markteintrittes ins elektronische Publizieren:

	Vorteile	Risiko
Früher Einstieg	• Kontrollierte Entwicklung • Markterfahrung • Fertigkeiten entwickeln • Wettbewerbsvorteile • Prestige • Unterstützung des Kerngeschäftes	• Derzeit unprofitabel • Unsicherheit über langfristige Rentabilität/Marktentwicklung • Schwer kalkulierbare Effekte auf die Organisationsstruktur
Später/Kein Einstieg	• Vermeidung strategischer Fehler durch Lernen von anderen • bessere Marktkenntniss • leichtere Positionierung	• Erfahrungsrückstand gegenüber Früheinsteigern • Marktzutritt im Moment relativ leicht (noch unbesetzt) • Konkurrenten könnten sich schon als EP-Markenname etabliert haben • Image-Nachteile

Abb. 6: Chancen und Risiken des frühen/späten Einstiegs ins elektronische Publizieren[33]

Tatsächlich hat auch die Strategie des Abwartens gewisse Vorteile. Dennoch ist sich die Fachwelt einig, daß nur durch einen frühzeitigen Eintritt das Überleben des Unternehmens auch zukünftig gesichert werden kann. Denn das Hinauszögern des Markteintrittes birgt die erhebliche Gefahr, daß die Märkte später (teilweise) besetzt sein werden. In diesem Fall sind die Vorteile hinfällig, weil (falls überhaupt) nurmehr unter erschwerten Bedingungen am Marktgeschehen teilgenommen werden kann.[34]

Wie gezeigt stehen heute weder Rendite noch Gewinn im Vordergrund. „Das Online-Engagement wird vielmehr als Investition in die multimediale Zukunft verstanden. Dr. Gerhardt Semar, Generalbevollmächtigter für Neue Medien bei der FAZ, verdeutlicht den pragmatischen Ansatz der Medienmacher: 'Der Stellenwert unserer Multimedia-Aktivitäten wird mehr vom strategischen Ansatz als

[32] ROSSBACH, „Frankfurt went electronic?" in: „Multimedia '94", a.a.O.
[33] Nach: „Electronic Publishing - Strategic Developments....", a.a.O., S. 22f., 183
[34] Vgl. „Electronic Publishing - Strategic Developments...", a.a.O., S. 23 ff.

von der aktuellen wirtschaftlichen Bedeutung geprägt. Elektronische Medien werden in Zukunft eine Rolle spielen, wenngleich auch die Prognosen heute gewaltig divergieren. Wenn elektronische Medien notwendig werden, müssen sich Redaktionen und Verlage eben darauf vorbereiten und in diesen Medien kompetent werden.' Das sieht der Bauer Verlag ähnlich. Eric Hegmann, Redaktionsleiter der elektronischen Ausgabe von 'TV Movie' macht deutlich: 'Unser Engagement ist darauf ausgerichtet, Erfahrungen im Umgang mit den neuen Medien zu sammeln. Wir müssen schließlich an das nächste Jahrtausend denken!'"[35]

MFV ist also ein optimaler Einstieg ins EP. Sie ermöglicht es, die genannten Voraussetzungen im Unternehmen aufzubauen und sich in den neuen Märkten einen Namen zu machen, ohne kurzfristig allzu starke Veränderungen im Unternehmen durchführen bzw. zu hohe Umsatzschwankungen hinnehmen zu müssen. Voraussetzung ist selbstverständlich, daß die elektronischen Produkte so konzipiert werden, daß sie das Printprodukt nicht gefährden.[36]

2. Die Schaffung von Kostenvorteilen durch Mehrfachverwertung

Viele Verlag erhoffen sich von einem Umstieg auf EP langfristig höhere Gewinne. Diese Hoffnung stützt sich auf erwartete Kostensenkungen durch schnellere und günstigere Produktion und auf erwartete höhere Umsätze. Gerade im Bereich der MFV wird die erwartete Kostensenkung oft als Grund für den Einstieg in EP herangezogen.

Festzustellen ist zunächst, daß gedruckte und elektronische Publikationen grundsätzlich verschiedene Kostenstrukturen haben. Bei Printprodukten sind die Produktionskosten relativ hoch, während die meisten Kosten einer elektronischen Publikation von den Bereichen Marketing und Vertrieb verursacht werden. Die Darstellung von Harris/McGraw-Hill zeigt dies exemplarisch.

Kosten für	Druck-Erzeugnis	Elektronisches Erzeugnis
Beschaffung/Speicherung	13%	3%
Bearbeitung/Umwandlung	36%	-
Verbreitung	25%	64%
Verkauf	1%	16%
Sonstige Kosten	25%	17%

Abb. 7: Verteilung der Gesamtkosten bei gedrucktem und abgeleitetem, elektronischem Produkt[37]

Ob die elektronische Produktion tatsächlich günstiger ist, kann dieser Darstellung nicht entnommen werden. Dazu müßten die gesamten Kosten der jeweiligen Produkte miteinander verglichen werden. Ebenfalls nicht ersichtlich ist, ob die Beschaffungskosten der Informationen auch dem elektronischen Produkt zugerechnet wurden. Es ist zu beachten, daß Kosten für gemeinsam genutzte Ressourcen häufig nur dem Printprodukt zugerechnet werden. Hierdurch entsteht eine ungleiche Kostenvertei-

[35] O.V., „Von der Kolonialisierung des Cyberspace", w&v 51/95, special Future, S. 37, 40
[36] Vergleiche hierzu auch das Kapital „Mögliche Auswirkungen auf das Restsortiment"
[37] Quelle: KIST, „Elektronisches Publizieren", a.a.O., S. 75

lung, die mögliche Unterdeckungen des elektronischen Produktes verschleiert. Doch kann dieser Sachverhalt auch von Vorteil sein. So können die hohen Vorlaufkosten kostenrechnerisch abgefangen werden, was eine Entscheidung für MFV erleichtert.[38]

Festhalten läßt sich jedoch, daß beim Printprodukt das Gros der Kosten variabel ist, während das elektronische Produkt eher fixkostenbelastet ist. In beiden Fällen werden sich die Stückkosten, mit zunehmender Produktionsmenge verringern.[39] Dieser Effekt dürfte sich bei elektronischen Publikationen, aufgrund der Fixkostenlastigkeit, stärker auswirken als bei Printpublikationen.[40]

Als Branchentrend deutlich zu erkennen, ist ein Sinken der Produktionskosten: Die Herstellungskosten von CD-ROMs haben sich in den letzten Jahren, dank des technischen Fortschrittes deutlich verringert. Auch Kosten für Planung, Konzeption und Vertrieb konnten deutlich gesenkt werden. Durch zusätzliche Erfahrungen im Unternehmen verringern sich interne Kosten, z.B. durch medienneutrale Datenhaltung. Hier kann ein frühzeitiger Umstieg deutliche Kostensenkungen in den Bereichen Beschaffung und Produktion erwarten lassen.[41]

Dennoch steigen die Kosten für elektronische Produktionen insgesamt.

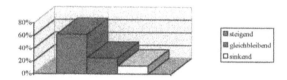

Abb. 8: Entwicklung der Produktionskosten[42]

Nur bei 25% der befragten Verlage blieben die Kosten in den letzten Jahren gleich. Bei 13% sanken sie, beim Gros der Verlage, 62%, ergaben sich Kostensteigerungen. Der Grund dafür dürfte wohl in folgenden Bereichen zu suchen sein:

• zunehmende Integration multimedialer Elemente in die Produkte; zunehmende Kosten für Produktion bzw. Rechtebeschaffung und Aufbereitung der zu integrierenden Medien (Audio, Video)

• steigende Qualitätsansprüche an die Produkte und damit zunehmend Kosten in den Bereichen Planung/Konzeption

---

[38] siehe hierzu das Kapitel „Unklare Gewinnlage und hohes Investitionsrisiko"
[39] Vgl. hierzu die betriebswirtschaftlichen Ansätze der Fixkostendegression und des Erfahrungskurvenkonzeptes, z.B. in WÖHE, „Einführung in die allgemeine Betriebswirtschaftslehre", Verlag Vahlen, S: 603, 145
[40] Vgl. KIST, „Elektronisches ...", a.a.O., S. 74 ff.; RIEHM u.a. „Elektronisches ...", a.a.O., S. 137 ff.; MÜLLER, „Interaktive Medien im professionellen Einsatz", Addison-Wesley, S. 241f.; O.V., „Götterdämmerung am Bücherhimmel", w&v plus 39/95, S. 160
[41] siehe Kapitel „Das Problem der Datenerfassung und -archivierung"; vgl. O.V., „Nichts für die Ewigkeit", Multimedia Magazin Oktober 96, S. 3
[42] Quelle: O.V., „Nichts für die Ewigkeit", Multimedia Magazin Oktober 96, S. 5

13

Und die höheren Entwicklungskosten scheinen sich zu rentieren. Zumindest sehen 80 % aller befragten Verlage Vorteile in den höheren Entwicklungskosten.

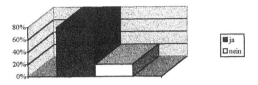

Abb. 9: Lohnen sich höhere Entwicklungskosten?[43]

Es läßt sich festhalten, daß EP sehr wohl Kostenvorteile (v.a. im Bereich der Produktion) bietet, auch wenn diese aufgrund der hohen Investitionskosten wohl erst nach einigen Jahren zum Tragen kommen werden. MFV kann diesen Vorteil deutlich erhöhen, da Kosten für Beschaffung und Aufbereitung auf beide Produktformen verteilt werden. Zudem setzt MFV meist auf einem bereits bekannten Produkt/einer Marke auf, was das Erreichen der Gewinnmarge deutlich beschleunigen kann. Kist kommt zu folgendem Schluß: „...kann man zum gegenwärtigen Zeitpunkt sagen, daß ein Nebeneinander von elektronischem und herkömmlichem Publizieren (paralleles Publizieren) die günstigsten Möglichkeiten zur direkten Senkung der Herstellungskosten bietet."[44]

3. Elektronisches Publizieren als Gesellschaftlicher Auftrag

In unserer Gesellschaft zeichnet sich zunehmend ein Wandel ab, der vielfach als „Informationsgesellschaft" oder als „Informationsdiskriminierung" bezeichnet wird ab. Doch ist dieser Trend eigentlich ein schon lange bekanntes Problem menschlichen Zusammenlebens.

Schon immer waren nicht das Eigentum an Produktionsmitteln, sondern „Wissen" der entscheidende Vorteil, der zur Herrschaft von Menschen über Menschen führte. Die französische Philosophin Simone Weil ging zur Begründung dieser Theorie zurück auf die Anfänge der Menschheitsgeschichte. Um sich mit der Natur zu versöhnen, schufen die Menschen religiöse Riten. Je komplexer diese wurden, desto weniger waren sie für die Allgemeinheit, sondern nur für den elitären Kreis der Priester bestimmt. Das „Herrschaftswissen" nahm hier seine Anfänge. Noch lange zog sich diese ursprüngliche Form der „Zwei-Klassen-Informationsgesellschaft" durch unsere Geschichte fort. Bis zur Erfindung des Buchdruckes durch Gutenberg, beherrschten nur wenige Menschen die Kulturtechniken „Lesen und Schreiben". Erst mit zunehmender Verfügbarkeit des Mediums „Buch" und fortschreitender Demokratisierung, wurde „Lesen" selbstverständlich und Wissen breitete sich aus.

Heute steht unsere Gesellschaft wieder am Rande einer solchen Wissenspolarisierung. Steigende Informationsüberflutung führt mehr und mehr zur Verbreitung der Informationen durch leistungsfähi-

---

[43] Quelle: O.V., „Nichts für die Ewigkeit", Multimedia Magazin Oktober 96, S. 5
[44] KIST, „Elektronisches Publizieren", a.a.O., S. 75

14

gere (elektronische) Medien. Sie wird damit wieder nur denjenigen zugänglich, welche die neue Kulturtechnik „Computer" zu handhaben wissen.

Die angebotenen Informationen müssen zudem mehr und mehr durch den Benutzer selbst ausgewählt werden. Auch hier zeichnet sich teilweise eine Überforderung der Leser ab, die mit der Fülle an Informationen nicht umzugehen wissen. Demokratie aber fordert, daß jedem Individuum alle Informationen in gewünschtem Umfang zur Verfügung gestellt werden.[45]

Und genau hier liegt der entscheidende Vorteil der Verlage: sie besitzen die nötigen Voraussetzungen, um Informationen auch weiterhin allgemein zugänglich zu machen.

- „... Sie haben eine angestammte Autorenschaft und verfügen so über die Nutzungsrechte von Text-, häufig auch von Bildsubstanzen. Die künftigen elektronischen Publikationen können nur auf der Basis von Urheberrechten hergestellt werden, die schon jetzt von den traditionellen Medien genutzt werden.

- Ein Verlag kann seine angestammten Markt- und Leserbeziehungen nutzen, um den „Leserbedarf" für elektronische Medien herauszufiltern.

- Verlage können weiterhin ihre Vertriebskanäle für das Verbreiten von elektronischen Medien nutzen.

- Verlage verfügen über das notwendige Marketing-Knowhow, um die Marktdurchdringung ihrer elektronischen Publikationen zu steigern."[46]

Demnach können nur Verlage eine breitgefächerte Distribution auch in Zukunft gewährleisten. Noch wichtiger aber ist, daß Verlage seit jeher, das Sammeln und Aufbereiten von Informationen als zentrale Aufgabe haben. Diesem Punkt wird in Zukunft eine noch wichtigere Rolle zukommen, denn „Je mehr Information, desto kritischer die Verarbeitung - das ist die eigentliche Moral des digitalen Zeitalters, das gerade erst angebrochen ist."[47]

EP kann also mehr und mehr als eine gesellschaftliche Aufgabe für Verlage angesehen werden. Sei es indem Verlage auch in Zukunft Bücher publizieren (damit auch Personen die nicht mit dem Computer umgehen können, Zugang zu Informationen erhalten), oder daß Verlage in Zukunft einen Publikationsschwerpunkt auf EDV-Lernbücher (oder Bildungssoftware) legen. Mitwirkungsmöglichkeiten ergeben sich außerdem bei der benutzerfreundlichen Gestaltung elektronischer Medien und einer adäquaten Preispolitik (mit entsprechender Einflußnahme auf die entscheidenden Instanzen). Die Hauptaufgabe wird allerdings weiter darin bestehen, die Informationen zu sichten, auszuwählen und vorzusortieren. Denn nur eine adäquate Redaktion der Information kann eine allzu starke Informationsüberflutung und damit auch eine Wissenspolarisierung verhindern.[48]

---

[45] Vgl. WÖSSNER, „Informationsgesellschaft und Demokratie", in: TAUSS u.a., „Deutschlands Weg in die Informationsgesellschaft", Baden-Baden 1996; RIEHM u.a. „Elektronisches Publizieren", a.a.O., S. 126 ff.
[46] SCHUMM/HENGSTER, „Die Bedeutung einer elektronischen Fachzeitschrift für einen Verlag" in: „Multimedia 94", a.a.O.
[47] JOFFE, „Die Zukunft gehört der Zeitung", SZ 22.05.1995, S. 4
[48] Vgl. WÖSSNER, „Informationsgesellschaft und Demokratie", a.a.O.

4. Weitere Vorteile der Mehrfachverwertung für den Verlag

Es gibt weitere Vorteile, die ein Verlag aus dem Einstieg in EP ziehen kann. An erster Stelle ist hier die Problematik des Materials Papier zu nennen. Papier entsteht aus dem Rohstoff Holz und ist ebensowenig unbegrenzt verfügbar wie z.B. Öl, Kohle oder andere Ressourcen. Schon lange hören wir täglich in den Nachrichten vom Baumsterben und der Abholzung der Regenwälder. Steigende Preise für Papier sind nur eine logische Folge. Eine geeignete Lösung ist der Umstieg auf ressourcennneutrale Medien wie z.B. Netzwerke. Sie sind papierunabhängig und haben eine nahezu unbegrenzte Speicherkapazität. Während ein Buch irgendwann zu dick wird, können in Netzwerken fast unbegrenzt Informationen abgefragt werden. Sofern die Informationen tatsächlich auch in den Netzen genutzt werden, besteht kein Verzehr von Ressourcen.

Etwas anders gestaltet sich diese Sache bei Offline-Medien. Hier werden die Informationen auf ein begrenzt speicherfähiges Medium aufgebracht und physisch distribuiert. Dennoch ist auch dieses Medium unabhängig von der begrenzten Ressource Papier. Die Herstellung der CDs ist zwar nicht gerade umweltfreundlich, durch Entwicklung z.B. mehrfach beschreibbarer CDs wird diese Problematik langfristig allerdings entschärft.

Elektronische Medien haben gegenüber dem Papier desweiteren den Vorteil, daß sie unbegrenzt haltbar sind und deutlich weniger Platz in Anspruch nehmen. Lediglich der technische Wandel führt zu einer Begrenzung der Lagerfähigkeit von CDs. Daß sie deutlich weniger Platz zur Archivierung benötigen, ist jedoch eindeutig. Zum Beispiel: Das „Gabler Wirtschaftslexikon", in der mehrbändigen gebundenen Ausfertigung benötigt einen knappen halben Meter Platz im Regal. Die CD-ROM mit dem gleichen Inhalt jedoch nur einige Millimeter; und das obwohl sie neben den Inhalten des Buches noch Suchfunktionen, Berechnungsinstrumente und Zahllose „Hyper-Links" enthält.

Als weiterer Pluspunkt ist der Aktualitätsvorsprung elektronischer Medien zu nennen. So können gerade Netzwerke die Informationen deutlich schneller zum Nutzer transportieren als ein Buch, welches erst gedruckt werden muß. Offline-Medien gelangen wegen der Produktion ebenfalls zeitverzögert zum Nutzer. Wie noch gezeigt wird, ist es bei EP von Vorteil, Daten medienneutral in Datenbanken zu halten. Hierdurch verkürzt sich die Produktionszeiten extrem, was auch Offline-Medien einen entsprechenden Vorsprung einräumt.[49]

Auch aus Sicht der Marketingwissenschaft bietet MFV den Verlagen einige Vorteile:

- Sie erlauben eine weitestgehend risikolose Diversifizierung des Produktprogrammes.
- MFV unterstützen das Kerngeschäft durch wechselseitige Werbeeeffekte.
- Es können völlig neue Zielgruppen erschlossen werden, die erst durch ads elektronische Angebot auf den Anbieter aufmerksam werden.
- Frühzeitiger Aufbau eines guten Namens auf dem Markt[50]

---

[49] Vgl. RIEHM u.a., „Elektronisches Publizieren" a.a.O., S. 129 ff.; JOFFE, „Die Zukunft gehört der Zeitung", SZ 22.5.95, S. 4; „Electronic Publishing - Strategic Developments...", a.a.O., S. 18, 184
[50] Vgl. „Electronic Publishing - Strategic Developments...", a.a.O., S. 18

B. Risiken der Mehrfachverwertung

1. Veränderungen in der Organisation und den Arbeitsabläufen des Verlages

Wenn man sich zur MFV entschlossen hat, steht meist zu Anfang die Frage, wer solche Projekte durchführen soll. Grundsätzlich bietet es sich an, die Projekte in die bestehende Verlagsorganisation zu integrieren, da hier bereits eine hohe Kompetenz für die Verlagsprodukte vorhanden ist. Eine solche Integration zieht zwangsläufig Veränderungen in der Struktur des Verlagshauses nach sich. So werden an die Mitarbeiter ganz neue Anforderungen gestellt. Vermehrter Technikeinsatz führt zu Veränderungen in den Arbeitsabläufen und erfordert neue Kompetenzen. Und wahrscheinlich am wichtigsten: Elektronische Medien können nicht wie Printprodukte gehandhabt werden. Im Einzelnen lassen sich folgende Problemstellungen erkennen:

a) Lektorat/Redaktion/Autoren: Diese Mitarbeiter müssen alle lernen, in den Möglichkeiten des neuen Medium zu denken („multimediales Denken"). Die neuen Medien stellen Sachverhalte nicht mehr nur per Text und Bild dar, sondern haben die Fähigkeit auch Ton, Video und Animation zu integrieren. Die Mitarbeiter müssen wissen wie Multimedia-Projekte sinnvollerweise konzipiert werden, um dem Nutzer den nötigen Zusatznutzen zu bieten. Selbst wenn die Konzeption der elektronischen Produkte nicht auf die alten Mitarbeiter übertragen wird, so müssen die Daten der herkömmlichen Bücher doch zunehmend medienneutral in Datenbänken gehalten werden. Deshalb müssen auch Mitarbeiter, die nur im Bereich der Printprodukte tätig sind mit Computern umgehen können. Autoren werden sich darauf einstellen müssen, daß von ihnen mehr und mehr die Abgabe der Manuskripte in elektronisch lesbaren Formaten erwartet wird.

b) Herstellung: Dieser Bereich wird wohl mit am stärksten betroffen sein. Ebenso wie Redaktion und Lektorat müssen sie sich zunehmend mit neuen Technologien auseinandersetzen, sei es auch nur im Bereich der Herstellung von Printprodukten. Denn langfristig sollen sämtliche Publikationsformen von einem Master produziert werden können. Hersteller werden sich also zunehmend fortbilden müssen, um irgendwann zum „Multimedia-Hersteller" zu werden.

c) Marketing: EP erfordert ein sehr viel differenzierteres Marketing als für herkömmliche Produkte. Dies betrifft zunächst die Integration der Produkte in das Verlagsprogramm, aber auch die Konzeption der Produkte an sich. Elektronische Produkte kennzeichnen sich durch weitaus kürzere Produktlebenszyklen und eine (noch) relativ kleine Zielgruppe. Die Frage ist also, wie die Produkte aussehen sollen, damit sie gekauft werden. Häufig stimmen die Zielgruppen elektronischer Produkte nicht mit den bisherigen Käufergruppen überein. Es muß also eine genaue Strategie bestimmt werden, wie die neuen Märkte bearbeitet werden müssen. Ergänzend muß über neue Werbeformen nachgedacht werden. Elektronische Produkte sind erklärungsbedürftiger als ihre gedruckten Kollegen. Demo-Disketten, Internetpräsentationen etc. sind daher als Werbemittel wirksamer als die herkömmliche Anzeigen. Auch muß Werbung vermehrt in Fach- bzw. Special-Interest-Magazinen geschaltet werden. Diese erreichen die Zielgruppe derzeit wahrscheinlich besser, als andere Werbeträger.

Ebenfalls in den Bereich Marketing fällt die Verkaufsorganisation. Hier sollte verstärkt über sogenannte „Support-Teams" nachgedacht werden. Häufig treten bei elektronischen Produkten Probleme z.B. bei der Installation auf. Es ist daher nötig, kompetente Mitarbeiter zu haben, die dem Kunden eine entsprechende Beratung bieten können.

d) Vertrieb: Im Vertrieb müssen ebenfalls einige bedeutende Änderungen vorgenommen werden. Klar ist, daß die ursprüngliche Vertriebsmannschaft nicht einfach zusätzlich elektronische Produkte verkaufen kann. Auch hier muß Multimedia-Kompetenz aufgebaut werden. Die Mitarbeiter müssen die Synergieeffekte zwischen Print- und elektronischem Produkt genau kennen und verkaufen. Denn nur so kann das eigentliche Ziel der MFV, nämlich Umsatzsteigerungen, auch verwirklicht werden. Ein wichtiger Faktor dabei dürfte das Erschließen neuer Vertriebswege sein. Deutsche Verlage hatten bislang, aufgrund des ausgereiften Buchhandelsystems in Deutschland, keine Notwendigkeit über andere Vertriebswege nachzudenken. Zudem hemmte die Preisbindung einen richtigen Wettbewerb zwischen den Konkurrenten. EP eröffnet hier völlig neue Wege. Auch wenn ein Großteil der Verlage ihre elektronischen Publikationen über den Buchhandel verkauft (22%) so bieten doch z.B. Kaufhäuser oder Techniksupermärkte ein umfangreiches Potential. Es gilt also, sich intensiv um neue Vertriebswege zu bemühen und diese zu pflegen.

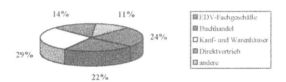

Abb. 10: Vertriebskanäle für Multimedia-CD-ROMs in Deutschland[1]

e) Anzeigen: Auch auf elektronischen Medien lassen sich heute sinnvolle und werbewirksam Anzeigen unterbringen. Ein erfolgreiches Beispiel ist der „Nutzfahrzeugkatalog" auf CD-ROM aus dem Verlag Heinrich Vogel, der bereits seit 1994 zum großen Teil durch Anzeigen finanziert wird. Natürlich erfordert diese Form der Werbung neue Kompetenzen. So müssen neue Konzepte zur Anzeigenplazierung entwickelt werden. Vielfach muß der Verlag die Konzeption und Herstellung der elektronischen Anzeigen für den Kunden übernehmen. Zusätzlich erfordern neue Werbemöglichkeiten eine Form der Präsentation. Dies bedeutet einen höheren Aufwand, da ein Großteil der Kunden persönlich besucht werden muß, aber auch zusätzliche Kosten, da tragbare Computer in ausreichender Menge zur Verfügung stehen müssen. Die Verkäufer selbst müssen eine viel höhere Überzeugungskraft und ausreichende Kenntnisse über die neuen Medien erlernen.[52]

[51] Quelle: O.V., „Nichts für die Ewigkeit", Multimedia Magazin Oktober 96, S. 4
[52] Vgl. JAKOB, „Integration von Multimedia-Produkten in eine zielgruppenorientierte Verlagsorganisation", in: „Deutscher Multimedia Kongreß 96", Springer Verlag, KIST, „Elektronisches Publizieren", a.a.O., S. 91 f; SCHRAMKA, „Zeitung zum Hören, Radio zum Lesen und Fernsehen zum Ausdrucken", in: „Deutscher Multimedia Kongreß 96", a.a.O., O.V., „Nichts für die Ewigkeit", Multimedia Magazin Oktober 96, S. 3ff.; „Electronic Publishing - Strategie Developments...", a.a.O., S. 95, 98 f.

In allen Bereichen des Verlags muß also Multimedia-Kompetenz aufgebaut werden. Gerade bei älteren Mitarbeitern wird es sich allerdings schwierig gestalten, diese zum Erlernen neuer Techniken zu bewegen. Hinzu kommt, daß die neuen Technologien häufig als Bedrohung der beruflichen Existenz ansehen werden. Ein weiterer Nachteil dieser Organisationsform ist, daß die Arbeitsbelastung der Mitarbeiter in allen Bereichen deutlich steigt. Es ist daher abzuwägen, ob es nicht sinnvoller ist, neue Medien in einer parallelen Organisation anzusiedeln oder auch größere Teile der Aufgaben an externe Dienstleister zu vergeben. Dies vermeidet zu hohe Investitionskosten, Unzufriedenheit oder Überlastung der Mitarbeiter und sichert außerdem eine hohe Kompetenz bei der Durchführung der Projekte. Jedoch, je mehr Synergieeffekte aus der MFV gezogen werden sollen, desto näher sollten elektronische Publikationen an die angestammte Organisation angeschlossen werden. Eine Ausnahme sind die Bereiche Marketing und Vertrieb. Hier muß, nach Dr. Laukamm eine Integration in die bestehende Organisation in jedem Fall erfolgen, „... weil der Kunde alles aus einer Hand als Problemlösung möchte"[53]

Hinsichtlich der Organisation ist es unerläßlich, eine genaue Strategie für EP im gesamten Unternehmen zu entwickeln und auf längere Zeit (etwa 5 Jahre) festzuschreiben. Nur so läßt sich andauerndes Umorganisieren des Unternehmens mit den einhergehenden Schwierigkeiten vermeiden.[54]

2. Das Problem der Datenerfassung und -archivierung

Wer seine Daten mehrfach verwerten will, muß sich ernsthaft mit der Frage auseinandersetzen, wie er die in Frage kommenden Verlagssubstanzen archiviert.

Häufig stehen Verlage vor dem Problem, daß ihre Substanzen entweder nur als Ausdruck vorliegen oder die vorliegenden elektronischen Dateien nicht ohne umfangreiche Anpassungen für neue Medien aufbereitet werden können. Diese Probleme können sowohl auf Hard- als auch auf Softwareseite bestehen. Meist sind die Geräte und Programme verschiedener Hersteller nicht ohne Weiteres kompatibel. Selbst bei der Verwendung der Produkte eines Herstellers nimmt die Chance zur problemlosen Konvertierung mit zunehmendem Alter der Substanz, durch den rasanten technischen Fortschritt, ab. Man denke nur an die unterschiedlichen Diskettenformate: noch vor 10 Jahren waren neben der heute üblichen 3,5'' Diskette auch Disketten im 5¼'' Format üblich. Heute sind sie jedoch fast gänzlich vom Markt verschwunden. In vielen Fällen wird daher eine Neuerfassung oder ein Einscannen der Daten von der Papiervorlage die einzig wirtschaftliche Alternative sein.

In Zukunft wird mit einer Zunahme elektronischer Publikationen zu rechnen sein. Im Hinblick auf die erläuterten technischen Tücken, ist es deshalb für Verlage ein strategisches Muß, alle zukünftigen Substanzen so zu archivieren, daß keine Kompatibilitätsprobleme entstehen. Die Daten sollen demnach so abgelegt werden, daß sie nicht nur einfach wiederzufinden sind, sondern daß auch alle Medi-

[53] LAUKAMM, "Einstieg ins elektronische Publizieren", in: „Multimedia 94", a.a.O.
[54] Vgl. JAKOB, „Integration von Multimedia-Produkten ...", in: „Multimedia 94", a.a.O.; KIST, „Elektronisches Publizieren", a.a.O., S. 91 f.; SCHRAMKA, „Zeitung zum Hören, Radio zum Lesen und Fernsehen zum Ausdrucken", in: „Multimedia 94", a.a.O.,

enformen (Druckvorlagen für Printprodukte, CD-ROMs, Online-Dienste) ohne allzu große Aufbereitung von ein und demselben Master produziert werden können.[55]

Besondere Bedeutung kommt dabei dem Aspekt der Textauszeichnung zu. Meist verwenden unterschiedliche Textverarbeitungs-/DTP-Programme ihre jeweils eigenen Textauszeichnungs- und Prozeßinstruktionen. Die Chance, daß der erzeugte Text samt seiner Zeichen-, Struktur-, und Gestaltungsinformationen von einem anderen System richtig interpretiert wird, ist gering.

Einen Lösungsansatz bietet die medienneutralen Datenhaltung. Hierbei werden dem Text anstelle konkreter Satzanweisungen nur Kennzeichnungen für Textelemente (z.B. Textkörper, Überschrift erster Ebene) zugewiesen. So strukturierte Texte lassen sich problemlos unter verschiedenen Geräten und Programmen austauschen. Im neuen Programm müssen dann nurmehr die Satzanweisungen für die jeweiligen Textelemente zugewiesen werden. Hierzu hat sich international die Auszeichnungssprache SGML (Standard Generalised Markup Language), die in der ISO 8879 festgelegt ist, durchgesetzt. Auf regionaler Ebene wurde dieser ISO-Standard konkretisiert, z.B. in Deutschland mit dem Konzept strukTEXT. „Um diesen Auszeichungsstandard herum gruppieren sich Anwendungsprogramme, die die Eingabe, Darstellung und Kontrolle von strukTEXT bzw. jeder anderen SGML-Anwendung unterstützen."[56]

SGML bietet Verlagen somit die nahezu uneingeschränkte Kompatibilität ihrer Dateien mit anderen Geräten oder Programmen, auch auf internationaler Ebene. Wie tief ein Text strukturiert werden muß, hängt davon ab, wie umfassend die Informationen genutzt werden sollen. „Das Einbringen einer größeren Strukturtiefe kann erheblichen Aufwand bei Erfassung, Prüfung und Verarbeitung verursachen, eröffnet aber mehr Möglichkeiten; schließlich erhält man einen Datenbestand, der in jeder Richtung weiterzuverarbeiten ist. In jedem Falle ist eine solche Feinstruktur stets eine Investition in die Zukunft."[57]

Neben der neutralen Textauszeichnung ist ein strukturiertes Ablegen und Archivieren der Substanzen in einer leistungsfähigen Datenbank nötig. „Sämtliche Informationen müssen hier nach einer vorgeschriebenen Routine abgelegt werden."[58] Nur dies sichert ein schnelles Wiederfinden der benötigten Information. Auch hier muß die Kompatibilität mit anderen Geräten gewährleistet und ausreichend Import- und Exportmöglichkeiten vorhanden sein. Daneben ist die Einhaltung der ISO 9660 eine wichtige Voraussetzung für die Austauschbarkeit. „Schon manche CD-ROM ist nur deshalb abgestürzt, weil der Producer einen zu langen, alles erklärenden Dateinamen vergeben hat ..."[59] Die ISO 9660 ist ein standardisiertes System für die Vergabe von Datei- und Verzeichnisnamen. Es wird von allen gängigen Betriebssystemen unterstützt und ist der Standard für CD-ROMs.[60]

---

[55] Vgl. KIST, „Elektronisches Publizieren", a.a.O., S. 46 ff., RIEHM u.a., „Elektronisches Publizieren", a.a.O., S. 82 ff., FAURE, „Elektronisches Publizieren", Buchmarkt 9/96, S. 103 f. und Buchmarkt 10/96, S. 159f.; SCHUMM/HENGSTER, „Die Bedeutung...", a.a.O.
[56] KREDEL, „Computergestütztes Publizieren", Springer Verlag, S. 186; Vgl. RIEHM u.a., „Elektronisches Publizieren", a.a.O., S. 79 ff.; KIST, „Elektronisches Publizieren", a.a.O., S. 46 ff.; KREDEL, „Computergestütztes Publizieren",a.a.O., S. 185 ff.
[57] Vgl. FAURE, „Elektronisches Publizieren", a.a.O., S. 160
[58] FAURE, „Elektronisches Publizieren", a.a.O., S. 159
[59] FAURE, „Elektronisches Publizieren", a.a.O., S. 159
[60] Vgl. FAURE, „Elektronisches Publizieren", a.a.O., S. 159 ff.,

Die Anschaffung einer EDV-Anlage, die es ermöglicht, alle Verlagssubstanzen medienneutral zu halten ist kostenintensiv. Auch Kosten für Schulung und Einweisung der Mitarbeiter müssen bedacht werden. Als Alternative gibt es eine Reihe konventioneller Methoden (z.B. Konvertierroutinen), die nicht nur technisch deutlich einfacher zu handhaben, sondern auch merklich günstiger zu beschaffen sind. Die Auswahl des Systems sollte daher in jedem Fall einem Profi überlassen werden, der die technischen Möglichkeiten optimal mit den verschiedenen Anforderungen des Verlages abstimmt. Der Aufwand, der bei der Erstellung solch einer Datenbank entsteht, wird sich aber in den meisten Fällen auszahlen. Selbst wenn der Datenbestand nicht komplett zur Weiterverarbeitung auf elektronischen Medien genutzt wird, so bietet solch eine umfassende Datenbank doch eine Reihe von Vorteilen für den Verlag:

- Redakteure und Autoren können einfach und schnell recherchieren; die Produktionszeit verkürzt sich deutlich.

- Materialien können, bei entsprechender zusätzlicher Vernetzung einfach und unproblematisch zwischen Redaktion und Herstellung/Grafik weitergegeben werden.

- Die Arbeitsabläufe werden beschleunigt (durch das Wegfallen der Mehrfacherfassung bzw. durch schnellere und einfachere Recherchen).

- die Gesamtkosten verringern sich aus o.g. Gründen, das Unternehmen arbeitet wirtschaftlicher.

- Mitarbeiter werden von monotoner Arbeit entlastet; Kreativität und Motivation steigen.

- Das Unternehmen geht mit dem technischen Fortschritt und kann sich schnell auf neue Anforderungen einstellen.

Für die Handhabung solcher Datenbanken im Alltag, empfiehlt sich die Erstellung von Checklisten. Denn je mehr Anforderungen (Textauszeichung, Dateinamen, richtiges Ablegen, etc.) bei der Erfassung beachtet werden müssen, desto eher können sich Fehler einschleichen. Die Checklisten sollten mindestens folgende wichtige Kriterien abfragen: Einhaltung der ISO 9660, Vollständigkeit und Eindeutigkeit der Verweise im SGML-Text , durchgängiges Arbeiten mit einheitlichen Schreibweisen und vor allem ob alle benötigten Substanzen vollständig und leicht wiederfindbar abgelegt wurden.[61]

---

[61] Vgl. FAURE, „Elektronisches Publizieren" a.a.O., S. 159 ff., KIST, „Elektronisches publizieren", a.a.O., S. 46 ff.; KREDEL, „Computergestütztes Publizieren", a.a.O., S. 106 ff.

3. Mögliche Auswirkungen auf das Restsortiment

Verleger befürchten, daß Printprodukte durch die elektronischen Geschwister substituiert werden könnten und somit ihre Kernkompetenz verloren geht. Dies ist nicht ganz unbegründet, aber die Fachwelt ist sich doch einig: Das Buch wird auch langfristig überleben, wenn es auch bestimmt an Bedeutung verlieren wird. Diese Einschätzung basiert auf den allseits bekannten Vorteilen gedruckter Produkte:

- Printprodukte sind in der Regel gut transportfähig und für den Leser überall zu nutzen
- sie sind besser lesbar, insbesondere im Vergleich zur Bildschirmdarstellung
- Bücher sind traditionsgemäß etwas Besonderes, der Geruch von Büchern, der Flair gebundener Seiten und die Atmosphäre von Buchläden und Bibliotheken suchen in den elektronischen Medien ihresgleichen.

Indizien für das Überleben der Bücher gibt es genug: Jahr für Jahr werden immer mehr Bücher gedruckt, die Anzahl der Neuauflagen steigt und es wird mehrfach von einer Zunahme der „lesenden Bevölkerung" berichtet. Gerade die sogenannten „Computer-Kids", denen häufig eine Vernachlässigung des Buchlesens nachgesagt wird, gehören zu dem Teil der Bevölkerung, der am häufigsten ein Buch zur Hand nimmt.[62]

Um zu Aussagen hinsichtlich der zu erwartenden Substitutionseffekte gelangen zu können, muß man sowohl die Art der jeweils angebotenen Information, die nötige Aktualität sowie das jeweilige Nutzungsverhalten (Häufigkeit, Dringlichkeit, Ort, ...) betrachten. Hinsichtlich der Informationsart unterscheidet man zwischen *Nice-to-know-* und *Need-to-know-Informationen.* Von Need-to-know-Informationen spricht man, wenn der Kunde/Leser die Informationen in einer bestimmten Situation unbedingt benötigt. Need-to-know-Informationen bedingen einen hohen Bedarf an Aktualität bzw. eine möglichst umfassende Information (d.h. möglichst alle Texte zu einer bestimmten Thematik). In dieser Situation sind elektronische Produkte deutlich im Vorteil. Je nach Medium können sie diese Bedürfnisse mehr oder weniger besser erfüllen. Dennoch wird ein gewisser Teil der Nutzer nach wie vor auf Printprodukte zurückgreifen. Verlage haben somit heute die Chance, über MFV-Konzepte, das EP-Know-How zu erwerben und daher einen entscheidenden Vorteil für später.

Bei Informationen die Nice-to-know sind stellt sich die Situation anders dar. Wenn es nur „nett" ist, die Information zu besitzen, besteht auch kein dringender Informationsbedarf. Dementsprechend gering sind die Vorteile elektronischer Medien. Allerdings sind gerade in diesem Bereich schöne Koppelprodukte (also MFV) denkbar, die das Printprodukt unterstützen und so zusätzliche Gewinne ermöglichen.[63]

---

[62] Vgl. BAIER, „Multimedia bringt Gewinn", Buchhändler heute 8/96, S. 48; O.V., „Das gedruckte Wort im virtuellen Dschungel", w&v Future 51/95, S. 4; O.V., „Hat das Buch Zukunft?", druckwelt 11/96, S. 29 f.; WÖSSNER, „Informationsgesellschaft ...", a.a.O.
[63] Vgl. LAUKAMM, „Einstieg ins elektronische Publizieren", in: Multimedia 94, a.a.O.

Für die verschiedenen Verlagstypen lassen sich folgende Zukunftsaussichten ableiten:

- *Buchverlage (Publikum):* Hier handelt es sich eindeutig um Nice-to-know-Informationen. Langfristig werden sich wohl keine Kannibalisierungseffekte abzeichnen. Lediglich als Supplemente könnten elektronische Medien ein gewisses Erfolgspotential erlangen.

- *Fachverlage (Buch und Zeitschriften):* Hier werden sich deutliche Substitutionseffekte abzeichnen. CD-ROMs werden sich jedoch nicht dauerhaft durchsetzen können. Die höhere Aktualität bzw. die größere Anzahl an Informationen wird dazu führen, daß Online-Dienste sich durchsetzen. CD-ROMs werden eher als „Übergangslösung" bzw. Archivierungsmöglichkeit angesehen.

- *Publikumszeitschriften:* Für einige Publikumszeitschriften (z.B. Stern, Spiegel, Focus, Allegra) bestehen bereits eigene CD-ROM oder Online-Versionen. „Dieser Trend wird sich voraussichtlich fortsetzen und weitere Titel in dieser Mehrfachverwertung auf den Markt gebracht werden. Dennoch wird für diesen Typ von Zeitschriften Electronic Publishing voraussichtlich nur ergänzenden Charakter haben. Neben bestehenden Konsumgewohnheiten sind dafür die Kosten von elektronischen Medien ausschlaggebend. Als Alternative für Publikumszeitschriften kommen letztendlich nur Datennetzversionen in Frage, CD-ROM-Ausgaben sind nicht aktuell und nur für Archivierung und Recherche interessant."[64]

- *Zeitungen:* Auch hier kommt EP realistischerweise nur in Form von Datennetzversionen bzw. als Archiv-CD in Frage. Mittlerweile sind mehrere Tageszeitungen online abrufbar (z.B. „Süddeutsche Zeitung", „Die Zeit", aber auch regionale Zeitungen wie der „Südkurier") bzw. bieten CD-ROMs als Recherchemöglichkeit in abgeschlossenen Themenbereichen/Jahrgängen an (z.B. das Jahr 1994 der „Süddeutschen Zeitung" auf CD-ROM). Neben den gängigen elektronischen Medien werden in der Literatur verschiedene andere Medienformen speziell für Tageszeitungen angedacht. Zu nennen wären dabei die Tableau- und Fax-Zeitungen. Dabei wird auf einen kleinen Rechner mit extrem flachem Bildschirm täglich die neueste Ausgabe der Zeitung aufgespielt, bzw. erhält der Nutzer die Zeitung, nach seinen individuellen Informationsbedürfnissen zusammengestellt per Fax nach Hause (z.B. das „Finanz-Fax" SZ). Falls sich diese neuen Formen der Zeitung durchsetzen können, ist eine ernstzunehmende Konkurrenz zur üblichen Zeitung gegeben. Verleger können dies nur durch frühzeitiges Mitwirken am Markt des EP abwenden. Vorerst ist allerdings noch keine umfassende Substitution absehbar.

- *Besondere Publikationsformen:* Lediglich in Nischenmärkten, wie z.B. dem Telefonbuchgeschäft, bei Nachschlagewerken, Postleitzahlen- oder Wörterbüchern werden die Printprodukte wohl in den nächsten Jahren vom Markt verschwinden. Hier ist ein schnelles Handeln nötig: Nur ein Einstieg mittels MFV (in diesem Fall parallele Produktion von Print- und elektronischen Produkten) kann hier langfristig den Unternehmensfortbestand sichern.[65]

---

[64] VAN HAAREN/HENSCHE, „Multimedia", a.a.O., S. 70
[65] Vgl. LAUKAMM, „Einstieg ins elektronische Publizieren", in: Multimedia '94, a.a.O., VAN HAAREN/HENSCHE, „Multimedia", a.a.O., S. 68 ff.; SCHOCH-BÖSKEN, „Reisebericht 'Elektronisches Publizieren und Bibliotheken', Tagung in Bielefeld", publiziert im Internet; JOFFE, „Die Zukunft gehört der Zeitung"; SZ 22.5.95, S. 4; STAUB, „Wie eine Kletterpflanze", SZ, 23.2.95, S. 904

4. Neue rechtliche Rahmenbedingungen

Eines der dringlichsten Probleme elektronischer Publikationen ist die Frage nach den rechtlichen Rahmenbedingungen. Verlage sehen sich einer Reihe neuer Fragestellungen gegenüber, die unzählige Anforderungen stellen. Zum großen Teil sind diese im bestehenden Recht nur ungenügend oder gar nicht geklärt. Zudem erwachsen aus der Internationalisierung zunehmend Probleme hinsichtlich der Abstimmung verschiedener Gesetze in einzelnen Ländern. Für Verleger bedeutet diese Situation einen bedeutenden Aufwand an Zeit und Geld. Mehrere Autoren wissen um Multimedia-Projekte, die alleine wegen rechtlicher Probleme eingestellt werden mußten.[66]

Jede Publikation erfordert zuerst den Erwerb der Veröffentlichungsrechte. Für den Bereich der MFV durch elektronischer Medien entstehen dabei folgende Probleme:

a) „Elektronische Rechte sind nicht automatisch vereinbart, wenn ein Autor zum Beispiel einem Verlag seinen Text zur Verwertung überlassen hat. Ist ein solcher Passus nicht explizit im Vertrag (Verlagsvertrag für externe Autoren bzw. Arbeitsvertrag fest angestellter Redakteure, Anm. d. Verf.) enthalten, ist es der Autor, der sie verhandeln darf."[67] Manche Verlage sind daher dazu übergegangen, in ihren Verträgen die Rechtsübertragung für alle derzeitigen und zukünftigen Medien einzuschließen. Jedoch kann ein Urheber im Vertrag keine Rechte übertragen, die bei Vertragsschluß noch gar nicht bekannt sind. Diese Bekanntheit bezieht sich dabei nicht nur auf technische Möglichkeiten, sondern v.a. auch auf die wirtschaftliche Tragweite der Rechtsübertragung. Die Übertragung für „zukünftige Medien" ist demnach grundsätzlich ungültig. Andere Formulierungen wie etwa die Rechteübertragung für „elektronische Medien" sind nur gültig wenn die o.g. Bedingungen erfüllt sind. Ab welchem Zeitpunkt elektronische Medien über die nötige Bekanntheit verfügen ist nicht eindeutig geklärt. Vielfach wird der Übergang auf Mitte der achtziger, Anfang der neunziger Jahre datiert.

Für den Verlag entstehen dabei hohe Kosten, da für die elektronischen Medien zusätzliche Rechte erworben werden müssen.

b) Mit der Problematik der Nutzungsrechte eng verbunden ist die Frage nach der Honorierung elektronisch genutzter geistiger Werke. Autoren und Verleger wollen gleichermaßen den Erträgen der neuen Produkte teilhaben. Zähe Verhandlungen über die Honorierung der Nutzungsrechte sind die Folge. Erschwert werden diese Verhandlungen durch das Fehlen entsprechender Richtwerte.

c) Hinzu kommt die nötige Integration mehrerer Medienformen in das Produkt. Wie bereits in anderen Teilen der Arbeit erläutert, ist es für den Erfolg des Produktes zwingend nötig, die Möglichkeiten des Mediums auszuschöpfen. Nur so kann ein hinreichender Zusatznutzen zum Printprodukt erreicht werden. Es müssen daher nicht nur Rechte für Text, sondern auch für Bild, Ton, Film, Video, Grafik, u.v.a.m. eingeholt werden. Dies bedeutet einen nicht unbedeutenden Aufwand an Zeit und Geld.

---

[66] Vgl. BAUMGÄRTEL, „Juristisches Chaos", InSight 4/95, S. 22
[67] BELLINGHAUSEN, „CD-ROM...", a.a.O., S. 494

d) Häufig ist es auch fraglich, wer dem Verlag die entsprechenden Nutzungsrechte überhaupt ein-räumen kann. Diese können beim Autor, bei seinen Erben, seinem Verlag oder seiner Verwertungs-gesellschaft liegen. Dies herauszufinden, bedeutet häufig einen großen zeitlichen Aufwand mit ent-sprechenden Kosten.[68]

Wegen dieser massiven Probleme vernachlässigen viele Verlage zunehmend die Einholung aller nöti-gen Rechte und lassen sich auf das Risiko einer Klage ein. Um Verlagen die Rechtebeschaffung zu erleichtern, und Autoren eine angemessene Nutzungsentschädigung zu gewährleisten, wird in der Branche der Ruf nach einer zentralen Institution nach Vorbild der GEMA oder der VG-Wort laut. In diesem geplanten „One-stop-shop" sollen die Rechte aller Lizenzgeber erworben werden können. Zu-dem ist langfristig die Einrichtung eines grenzübergreifenden Systems zur Lizenzierung, Vergütung und Verrechnung geplant.[69]

Der zweite große Aspekt der rechtlichen Problematik ist der Schutz des elektronischen Werkes an sich. Noch ist nicht eindeutig geklärt, inwieweit auch elektronische Publikationen im Sinne des Ur-heberrechtes schützenswert sind. Verschärft wird diese Situation, da es für den Nutzer leicht ist, ein-zelne Teile zu kopieren und sie in originaler oder veränderter Form in eigenen Werken zu verwerten. Für den Verlag oder den Urheber wird es somit schwer, die Wege des Werkes nachzuvollziehen und eine angemessene Entschädigung für die Nutzung zu erhalten.[70]

Für Online-Aktivitäten ergeben sich zusätzliche Probleme. Neben der bereits genannten Urheber-rechtsproblematik muß zusätzlich auf Aspekte der Sittenwidrigkeit sowie des Daten- und Verbrau-cherschutzes geachtet werden.

„Unterschiedliche nationale Gesetze können dazu führen, daß Online-Angebote in bestimmten Län-dern zu Verstößen gegen das Wettbewerbsrecht oder andere Vorschriften führen."[71] Insbesondere erotischen, religiösen und rechtsextremistischen Themen kommt hier eine besondere Bedeutung zu. Derzeit fehlt eine internationale Kontrollinstanz sowie eindeutige, international geltende Rechtsvor-schriften, die Verlagen genaue Handlungsanweisungen geben könnten.[72]

Bei der Nutzung von Online-Diensten hinterläßt ein Nutzer zwangsläufig Spuren (über Einloggen in Dienste, Bestellungen, Diskussionsforen, etc.), die nach und nach zu einem Bild des „gläsernen Bür-gers"[73] führen können. Für den Verbraucher ist dies unangenehm und kann ein schlechtes Bild auf den Anbieter zurückwerfen, falls dieser nicht für ausreichenden Datenschutz und Anonymität sorgt. Letztlich können viele Online-Angebote nur gegen Zahlung eines Kaufpreises genutzt werden. Eine gängige Methode ist dabei die Zahlung mit Kreditkarte. Dies hat jedoch in der Vergangenheit mehr-fach zu Mißbräuchen geführt. Der Anbieter muß daher auf geeignete Abrechnungsformen, kombi-

---

[68] Vgl. RUSS, „Urheberrecht und neue Medien", in: „Multimedia 94", a.a.O., S. 203; BELLINGHAUSEN, „CD-ROM ...", a.a.O., S. 494; SCHULZE, „Meine Rechte als Urheber", a.a.o., S. 132; KIST, „Elektronisches Publizieren", a.a.O., S. 85; CZYCHOLL, „Blick in die Zu-kunft", w&v special Future 51/95, S. 80f.

[69] Vgl. RUSS, „Urheberrecht und neue Medien", in: „Multimedia 94", a.a.O., S. 206

[70] BELLINGHAUSEN, „CD-ROM ...", a.a.O., S. 494; MASCALL/STUERMANN, „Situation und Perspektiven der interaktiven Medien", Gruner & Jahr 1995, S. 41

[71] GRAF/TREPLIN, „Multimedia Handbuch", a.a.O., S. 6.3.13-10

[72] Vgl. GRAF/TREPLIN, „Multimedia Handbuch", a.a.O., S. 6.3.13-10; ZIMMER, „Online-Dienste für ein Massenpublikum", Media Per-spektiven 10/95, S. 486

[73] PITZER, „Stichwort..." a.a.O., S. 98

niert mit entsprechender Software (im Falle von Kreditkartenzahlung oder Bankeinzug), achten, um seine Nutzer vor Mißbrauch zu bewahren. Auch entsprechende Vertragsmodalitäten z.B. hinsichtlich Produkthaftung oder Rückgaberechtes sind zu beachten. Diese müssen an die Gegebenheiten des Mediums angepaßt werden und dem internationalen Warenverkehr besondere Rechnung tragen. In all diesen Punkten ist allerdings auch der Gesetzgeber aufgerufen, geeignete Rechtsvorschriften, insbesondere mit länderübergreifender Gültigkeit, zu erstellen.[74]

5. Unklare Gewinnlage und hohes Investitionsrisiko

Wie bereits mehrfach angesprochen können Verlage heute noch nicht mit übermäßigen Gewinnen rechnen. Wie diese Rechnung in der Praxis aussehen kann verdeutlicht folgendes Beispiel einer Kalkulation für ein CD-ROM-Projekt:

Verkaufte Auflage	500	1.000	5.000
Einnahmen Verkaufspreis: ECU 40 Anteil des Verlegers: ECU 20			
Gesamte Einnahmen	10.000	20.000	100.000
Kosten 1) Design			
• Konzeption/Storyboard	4.000	4.000	4.000
• Screendesign	12.000	12.000	12.000
• Digitalisierung der Inhalte (Text, Bild, Grafiken, Video)	30.000	30.000	30.000
• Programmierung	20.000	20.000	20.000
Produktion (inkl. Verpackung)	3.000	5.000	10.000
Gesamtkosten 1)	69.000	71.000	76.000
Spanne 1)	-59.000	-51.000	+24.000

Abb. 11: Exemplarische Kalkulation eines CD-ROM-Projektes[75]

1) nicht enthalten sind die Kosten für die Erstellung des analogen Inhaltes (Texte, Bilder), Kosten für Urheberrechte, Marketingkosten

Die Gewinnaussichten sind also noch alles andere als rosig. Selbst wenn mit steigenden Auflagenzahlen und Verkäufen Gewinne erzielt werden können, werden diese noch nicht zum Tragen kommen, denn folgende Kosten sind nicht in die Kalkulation eingegangen:

- Erfassungskosten
- Lizenzgebühren, Autorenhonorare
- Marketing- und Vertriebskosten
- Gemeinkosten (Miete, Ausrüstung der Betriebsgebäude, etc.)
- Personalkosten
- Kosten für Auslieferung und Lagerung
- Kalkulatorische Kosten wie Zinsen und Wagnisse
- etc.

---

[74] Vgl. PITZER, „Stichwort..." a.a.O., S. 98
[75] Nach: „Electronic Publishing - Strategic Developments ...", a.a.O., S. 102

Die endgültigen Spannen werden also nochmals deutlich geringer ausfallen. Zusätzlich muß der Deckungsbeitrag auch die nötigen Investitionen bezahlen können. So müssen zum EP:

- ein EDV-System angeschafft,
- das Personal geschult, ggf. sogar neue Mitarbeiter eingestellt,
- und mit zusätzlichen Kosten für den Markteintritt gerechnet werden.

Diese Investitionen benötigen einen hohen Grad an Liquidität. Die wenigsten Unternehmen werden alle Ausgaben von ihren Rücklagen bezahlen können, so daß zusätzlich noch Kosten für Kredite anfallen. Daneben bedingen elektronische Publikationen einen gesteigerten Aufwand für Erhaltung und Pflege der Produkte. „Diese beinhalten nicht nur den ... kundenunterstützenden Bereich, sondern auch den Zwang, das elektronische Informationsangebot inhaltlich und technisch auf dem laufenden zu halten. Ein elektronisches Produkt läßt sich nicht im Markt etablieren, wenn es mit seinen Informationen nicht immer auf dem aktuellsten Stand ist. Genauso muß die verwendete Software kontinuierlich für neue Anwendungsfälle und Benutzerwünsche in ihrer Funktion verbessert werden und an sich ständig ändernde technische Bedingungen ... angepaßt werden. Ein Buch ist nach dem Erscheinen „fertig" und muß „nur" noch verkauft werden, eine elektronische Publikation ist in diesem Sinne nie fertig, wenn sie Erfolg haben soll."[76]

Wirtschaftlich relevant wird EP also erst werden, wenn sich die Auflagenzahlen und somit die Umsätze deutlich erhöhen. Daneben wird die wirtschaftliche Relevanz auch in hohem Maße von den Konditionen für das aufzunehmende Kapital abhängig sein. Folgendes Beispiel einer Amortisationsrechnung zeigt diesen Sachverhalt deutlich:

„...Ein fiktives Nachschlagewerk „Biographies of World Leaders", das in gedruckter Form jährlich neu erscheint und 220.000 Biographien enthält, soll auch online als Datenbank angeboten werden. Dafür werden die Kosten für die Datenkonvertierung, für nachträgliche Editierarbeiten, für Datenbankaufbau und Software, für Datenspeicherung und Computerkosten sowie für Marketing abgeschätzt. Die Nutzungsgebühren werden mit rund 200 DM pro Anschaltstunde marktüblich festgelegt und 1.200 Stunden Nutzung pro Jahr prognostiziert. Unter diesen Randbedingungen ist erst nach acht Jahren mit dem Rückfluß der Investitions- und laufenden Kosten zu rechnen."[77]

---

[76] RIEHM u.a., „Elektronisches Publizieren", a.a.O., S. 138 f.; Vgl. KIST „Elektronisches Publizieren", a.a.O., S. 74 ff., MUNDHENKE, „Der Verlagskaufmann", Societäts Verlag, S. 309; O.V., „Florierende Geschäfte", Multimedia Magazin Juli 96, S. 5 ff.; RIEHM u.a., „Elektronisches Publizieren", a.a.O., S. 135 ff.
[77] RIEHM u.a., „Elektronisches Publizieren", a.a.O., S. 136

6. Benutzergerechte Produktgestaltung als Hauptfaktor für wirtschaftlichen Erfolg

Das wahrscheinlich größte Problem elektronischer Publikationen ist das Absatzrisiko. Denn nur Produkte, die auch gekauft werden, können Umsätze und Gewinn bringen. Faßt man die vielfältigen Empfehlungen zur Gestaltung und Konzeption elektronischer Produkte zusammen, erhält man folgende Mindestanforderungen:

a) Schaffung eines Zusatznutzens: Nur ein klar erkennbarer Zusatznutzen wird dazu führen, daß der Kunde, statt des gedruckten Produktes, ein elektronisches Medium zur Informationssuche zur Hand nimmt. Der Mehrwert elektronischer Publikationen basiert auf drei Dimensionen:

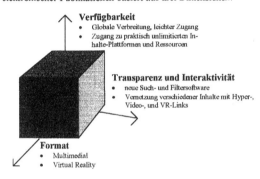

Verfügbarkeit
- Globale Verbreitung, leichter Zugang
- Zugang zu praktisch unlimitierten Inhalte-Plattformen und Ressourcen

Transparenz und Interaktivität
- neue Such- und Filtersoftware
- Vernetzung verschiedener Inhalte mit Hyper-, Video-, und VR-Links

Format
- Multimedial
- Virtual Reality

Abb. 12: Die Dimensionen des EP-Mehrwertes[78]

Grundsätzlich bieten also elektronische Medien folgende Vorteile gegenüber Printprodukten:

- Interaktivität, der Nutzer kann auf den Ablauf seiner Nutzung direkt Einfluß nehmen.
- Medienintegration, die Verbindung verschiedener Medien in einem Produkt und den damit verbundenen Vorteilen der Rezeption von Inhalten.
- Elektronische Informationsselektion, der Nutzer wählt die für ihn relevanten Informationen selbst aus und hat daher einen entscheidenden Vorsprung was die Dauer der Recherche anbelangt.
- Bessere Verfügbarkeit (z.B. über mobile Verbindungen).
- Transparenz, der Nutzer hat einen besseren Überblick über das Informationsangebot.
- Umfassendere Information durch größeren Umfang der Inhalte.[79]

b) Keine 1:1-Übertragung gedruckter Inhalte: Bei MFV sollte unbedingt vermieden werden, die Inhalte des gedruckten Werkes eins-zu-eins auf das elektronische Medium zu übertragen. Elektronische Publikationen eröffnen weitaus mehr Möglichkeiten, Inhalte darzustellen als das bei Büchern oder Zeitschriften der Fall ist. Es können Bilder, Ton etc. zur Erklärung mit herangezogen werden. Ein Anwender der von einer CD oder einem Online-Angebot nur Text geliefert bekommt wird sich

---

[78] Quelle: „Electronic Publishing - Strategic Developments....", a.a.O., Executive Summary, S. 13
[79] Vgl. „Electronic Publishing - Strategic Developments....", a.a.O., Executive Summary, S. 13; AMAIL, „Electronic Publishing", a.a.O., S. 27 ff.

schnell wieder den gedruckten Titeln zuwenden. Denn, „Warum sollte jemand viel Geld ausgeben, um einen Text am Computer zu lesen, wenn er denselben Text für wenig Geld im Bus, im Bett oder an seinem Arbeitsplatz lesen kann?"[80]

c) Aktualität: „Nur eins ist älter als die Zeitung von gestern: Das Online-Angebot von heute vormittag. Online-Nutzer lieben Aktualität und Geschwindigkeit. Da keine langwierigen Produktionsprozesse (Druck, Postversand) stattfinden, erwarten Online-Nutzer auf den Seiten des Anbieters aktuelle Informationen. Sie erwarten einen Informationsvorsprung durch die Nutzung dieses Mediums.... Online-Nutzer fühlen sich gewöhnlich als tatsächliche Info-Elite und möchten als solche behandelt werden."[81]

d) Servicecharakter oder Unterhaltungswert: Online-Angebote, die nur Informationen bieten, haben für den Nutzer wenig Attraktivität. Dabei soll er dazu geführt werden, eine Kaufhandlung abzuschließen, und so häufig wie möglich zurückkommen. Das Surfen im Internet ist für den privaten Anwender teuer. Neben den Kosten für den Internet-Zugang, muß er Grundgebühren an den Service-Provider und Telefongebühren zahlen. Für die begrenzte Zeit die er online ist, wird er sich bei Angeboten aufhalten, die für ihn ansprechend und interessant sind. Und zu diesen wird er auch beim nächsten Einloggen zurückkehren. Um einen Unterhaltungswert für den Nutzer zu generieren, gilt es Technik und Inhalte optimal miteinander zu verknüpfen. Weder ausführliche Inhalte noch technische Spielereien alleine, können den Nutzer lange halten.[82]

e) Übersichtliche Gestaltung. Elektronische Publikationen müssen so gestaltet sein, daß sie einfach genutzt werden können. Grafische Benutzeroberflächen, wie sie heute üblich sind, sind nur der erste Schritt dazu. Auch die Publikation selbst muß übersichtlich gestaltet werden. Im Idealfall verbindet sie die Funktionalität des Buches (dessen Strukturierungsprinzipien jeder kennt) mit den Möglichkeiten neuer Medien. Der Arbeitskreis Elektronisches Publizieren im Börsenverein des deutschen Buchhandels hat hierzu Richtlinien entworfen, nach denen sich die Strukturierung einer CD-ROM richten sollte.[83] Vor allem aber, sollte bei der Konzeption von Produkten immer im Kopf des Kunden gedacht werden. Bei der Konzeption muß überlegt werden, ob der Kunde mit all den technischen Möglichkeiten überhaupt etwa anfangen kann und vor allem will. Nicht ist für den Erfolg des Produktes schlimmer, als wenn der Kunde seine gesamten Arbeitsabläufe, Denkweisen und Suchvorgänge umstellen muß, nur um mit dem Produkt arbeiten zu können. Besondere Aufmerksamkeit muß auch den Verbindungen von Textteilen (Hyperlinks) gewidmet werden. Nur über eine gezielte Strukturierung wird der Benutzer zum Ziel gelangen. Mangelnde Sorgfalt bei der Erstellung dieser Verbindungen, läßt das Produkt zum Chaos ausarten. Auch auf Tippfehler muß besonders geachtet werden. Wenn ein falsch geschriebenes Wort angeklickt wird, kann das Programm den Benutzer gar nicht dorthin führen, wo er eigentlich hin möchte. Zudem sollten alle Elemente des Angebotes übersichtlich darge-

---

[80] MÖLLER, „Mehr als Zeitungstexte im Computer", SZ 23.02.95, S. 904; Vgl. auch O.V., „Glückliche Ehe von Print und Electronic", Buchmarkt 10/96, S. 114
[81] GRAF/TREPLIN, „Multimedia Handbuch", a.a.O., S. 6.3.13.-12
[82] Vgl. KAUß, „Online-Redakteure und Online-Produkte - wichtige Erfolgsfaktoren", in: „Multimedia 94", a.a.O.; GRAF/TREPLIN, „Multimedia Handbuch", a.a.O., S. 6.3.13.-10-13; O.V., „Neuer Nutzwert", w&v Plus 39/95, S. 165
[83] Eine gekürzte Fassung dieser Richtlinien - Leipziger Empfehlungen - wird in Anlage 7 wiedergegeben.

stellt werden, so daß der Nutzer auf einen Blick weiß, was er von dem Produkt alles geboten bekommt.[84]

f) Anpassung der Technik an den Markt - nicht umgekehrt: Häufig versuchen Anbieter ihre Kompetenz über möglichst aktuelle Technik zu beweisen. Selbstverständlich muß vermieden werden, daß der Nutzer allzu lange auf den Aufbau der Online-Seite wartet, nur weil der Anbieter zu viele Bilder integriert hat. Oder aber, weil er seine Technik nicht rechtzeitig an die neuesten Bedürfnisse angepaßt hat und der Server aufgrund zu vieler Nutzer dauernd abstürzt. Auf der anderen Seite ist es genauso ärgerlich, wenn der Anbieter zu großen technischen Ehrgeiz an den Tag legt und seine Produkte nur auf der allerjüngsten Generation von Rechnern und Software zum einwandfreien Laufen gebracht werden können. In jedem Fall muß immer eine genaue Evaluation der Technologieplattform der möglichen Anwender geschehen. Nur so ist gewährleistet, daß alle potentiellen Käufer das Produkt auch tatsächlich nutzen können.[85]

g) Internationalität: Um das Marktpotential möglichst völlig ausschöpfen zu können, muß das elektronische Produkt allen interessierten Nutzern zugänglich gemacht werden. Technisch ist dies heute kein Problem mehr; nur auf sprachlicher Seite ergeben sich Probleme. Ein gutes Produkt sollte daher in mehreren Sprachen verfügbar gemacht werden. Viele Internet-Anbieter haben dies bereits erkannt und bieten die Möglichkeit der Sprachauswahl.[86]

h) Intelligente Verpackung: Der Markt wird überflutet mit qualitativ schlechten Produkten. Viele verschiedene Aufmachungen verwirren den Nutzer, welches Produkt denn nun das Beste ist. Hierbei empfiehlt es sich, die elektronischen Produkte ganz im Stil der anderen Verlagsobjekte zu halten, um Wiedererkennungseffekte über zu schaffen. Der Nutzer erhält dadurch Orientierunghilfen im unübersichtlichen CD-ROM-Markt. Auch hier hat der Börsenverein Richtlinien entwickelt, die den Verlagen Orientierungshilfen geben sollen. So wird eine Typisierung der Produkte, ebenso wie eine einheitliche Auszeichnung der Verpackung mit Inhaltsangabe, EAN-Code, Copyright-Hinweis, ISBN und Preis gefordert. Die Verpackung an sich sollte einfach zu handhaben sein und nicht so schnell kaputt gehen, wie die heute übliche „Jewel-Box".[87]

Der Markt für elektronische Publikationen ist heute schon recht groß und befindet sich in stetigem Wachstum. Wenn der Verlag es schafft, mit seinem Produkt eine echte Bedarfslücke der Nutzer zu schließen, und dieses nach oben genannten Vorgaben benutzergerecht gestaltet wurde, dann wird er damit auch Erfolg auf dem Markt haben.

---

[84] Vgl. FAURE, „Elektronisches ...", Buchmarkt 9/96, S. 102; GRAF/TREPLIN, „Multimedia Handbuch", a.a.O., S. 6.3.13.-12; CZY-CHOLL, „Blick in die Zukunft", w&v Future 51/95, S. 80f.
[85] LAUKAMM, „Einstieg ins elektronische Publizieren", in: „Multimedia 94", a.a.O.
[86] CZYCHOLL, „Blick in die Zukunft", w&v Future 51/95, S. 80f.
[87] „AG Vertrieb erarbeitet Empfehlungen für CD-ROM-Packaging", Börsenblatt für den deutschen Buchhandel 94/1995, veröffentlicht im Internet; O.V., „Götterdämmerung am Bücherhimmel", w&v Plus 39/95, S. 160ff.

IV. Kritische Abschätzung der Marktchancen elektronischer Publikationen auf Basis mehrfachverwerteter Informationen

In Deutschland existiert im Moment schon ein relativ großes Potential für EP. Die erst im Oktober 1996 erschienene Studie „Online-Offline" aus dem Hause Spiegel Verlag belegt dies deutlich.[88]

36 % der Bevölkerung (10,34 Mio.) besitzen derzeit einen PC; weitere 23 % planen die Anschaffung eines Computers. In deutschen Büros stehen 26,71 Millionen Computer in unterschiedlichen technischen Varianten (Einzelplatz-PC, mit Anschluß an Großrechner oder lokalen Server etc.). Zusätzlich planen ca. 75% aller Betriebe die Anschaffung von zusätzlichen Computern.

Diese Computer sind zum größten Teil mit peripheren Lesegeräten ausgestattet: 17,29 Mio. verfügen über ein Disketten-LW; 11,69 Mio. über ein CD-ROM-LW. 3,13 Mio. beabsichtigen sich möglicherweise ein CD-ROM-LW anzuschaffen; 1,44 Mio. haben diese Anschaffung bereits sicher geplant. In naher Zukunft ergibt sich somit ein Marktpotential von über 30 Mio. potentiellen Nutzern für Offline-Medien.

Die aktuellen Nutzer scheinen von den neuen Medien überzeugt zu sein. 79% der 5,51 Mio. privaten Besitzer von CD-ROM-Laufwerken nutzen dieses mindestens einmal pro Woche. 64% haben großes bzw. etwas Interesse an Multimedia-CD-ROMs. Nutzung und Interesse sind bei Computerzeitschriften, Zeitungen/Zeitschriften sowie Lexika, Fachdatenbanken und Fachveröffentlichungen am höchsten. Auch Lernprogramme/CBT erfahren hohes Interesse.

Für Verlage können sich also die Voraussetzungen kaum besser gestalten: Ein Marktpotential von mehreren Millionen sowie ein unbestreitbar hohes Interesse an Offline-Produkten. Besonders hervorzuheben sind die guten Chancen von MFV auf dem Abnehmermarkt. Das starke Interesse bzw. die starke Nutzung von Zeitungen, Zeitschriften und Fachdatenbanken etc. auf CD-ROM lassen darauf schließen, daß mehrfachverwertete Produkte insgesamt gut ankommen werden.

Auch der Markt für Online-Produkte erfährt hohes Interesse in der Bevölkerung: 7,56 Mio. besitzen bereits die Voraussetzungen zum „Surfen" (PC und Modem bzw. ISDN-Anschluß), weitere 6,51 Mio. planen eine baldige Erweiterung ihres PC mit diesen Voraussetzungen. 3,75 Mio. nutzen mindestens einen Online-Dienst; 1,99 Mio. zwei oder mehr. Eingekauft wird im Moment noch eher wenig in Netzen, vorwiegend suchen die Internet-User nach Informationen. Genutzt wird prinzipiell alles, was im Netz angeboten wird. Auffallend ist vor allem, daß das Interesse an diesen Angeboten in allen Bereichen deutlich höher liegt als die tatsächliche Inanspruchnahme. Also besteht auch hier ein deutlicher Lieferbedarf für die Anbieter. Gerade Verlage sind hier gefordert, denn auch im Bereich der Online-Medien besteht ein sehr hohes Interesse an Zeitungen (ca. 10%) bzw. Lexika und Fachdatenbanken (ca. 18%). Entgegen der weit verbreiteten Meinung, müssen Online-Angebote nicht unbe-

---

[88] Die wichtigsten Grafiken dieser Studie, hinsichtlich der Potentiale von Online- und Offline-Medien sind in Anlage 4 beigefügt.

dingt kostenlos angeboten werden. Schon heute gibt es vernünftige Abrechnungssysteme und in naher Zukunft soll eine eigene Online-Währung „Electronic Cash" eingeführt werden.[89] Auch die aktuelle Studie von Andersen Consulting im Auftrag der europäischen Kommission kommt zu ähnlichen Ergebnissen. Hier wird für EP ein Marktanteil am gesamten Verlagswesen von 8,8 bis 12,4 Milliarden ECU prognostiziert. Dies entspricht einem Wachstum von 5 bis 15%. Der Studie zufolge werden die größten Wachtsumsraten bei Firmenpublikationen (etwa 12%), Wissenschaftlich-technischer Literatur (etwa 13,5%) und bei Lehrbüchern (8%) erzielt werden.[90]

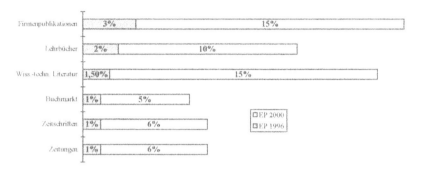

Abb. 13: Anteile elektronischer Publikationen am gesamten Auftragsvolumen (in Prozent) 1996 und 2000 (Prognose)[91]

So optimistisch die Ergebnisse dieser Studien klingen, so pessimistisch lauten andere Veröffentlichungen. Andere Studien mit gleichem Untersuchungsgegenstand kommen zu folgenden Ergebnissen:

- die breite Masse der Bevölkerung kann nicht zwischen Internet und Intercity unterscheiden!
- nur drei Prozent der Bevölkerung verfügen über einen Internet Zugang
- in Deutschland surfen nur zwei Prozent der Bevölkerung regelmäßig im Internet
- nur 20% besitzen einen PC und nur 12% benutzen ihn regelmäßig
- über die Hälfte der Bürger ab 35 Jahren fühlt sich von der Welle digitaler Medien überfordert.[92]

Allerdings sind solche Ergebnisse eher selten anzutreffen, so daß wahrscheinlich eher von der Gültigkeit der Spiegel-Studie ausgegangen werden kann.[93] Diese Divergenz weist allerdings auf einen wichtigen Sachverhalt hin. So sollte vor der Durchführung eines EP-Projektes die anzusprechende Zielgruppe auf jeden Fall genauer untersucht werden. Denn nicht alle Inhalte können ohne Probleme auf neue Medien übertragen werden. Die Nutzer von elektronischen Medien sind auch heute noch

[89] Vgl. O.V., „Baustellen im Internet", Buchmarkt 9/96; S. 69; O.V., „Datennetz mit Fallstricken", w&v special Multimedia 44/96, S. 6
[90] Vgl. „Electronic-Publishing - Strategic Developments...", Executive Summary, S. 21; O.V. „Electronic Publishing in Europa: Mehr interaktives TV, weniger CD-ROM", Multimedia 12/96, S. 6 f.
[91] Quelle: „Electronic-Publishing - Strategic Developments...", Executive Summary, n.a.O., S. 21
[92] Vgl. OHLSEN, „Kein Goldesel", Medienspiegel 44/96, S. 6; O.V., „Nur zwei Prozent 'surfen' im Internet", Marketing Journal 3/96; S. 184 ff.
[93] Vgl. O.V., „Florierende Geschäfte" Multimedia Magazin Juli 96, S. 5 ff., GRAF/TREPLIN, „Multimedia Handbuch", versch. Abschnitte; BAIER, „Multimedia bringt Gewinn", Buchhändler heute 8/96, S. 48f.;

eher jung, gebildet und zu einem hohen Anteil männlich.[94] Ein elektronisches Produkt z.B. für eine ältere Zielgruppe zu konzipieren dürfte daher wohl weniger erfolgsversprechend sein. Grundsätzlich sind die Marktchancen elektronischer Publikationen für die Zukunft doch recht positiv abzuschätzen. Neben der deutlichen Zunahme der Systemvoraussetzungen im privaten als auch im beruflichen Bereich steigt auch die Akzeptanz in der Bevölkerung kontinuierlich. Hierfür stehen folgende Argument im Vordergrund:

- Die Grenze zwischen den Personen die mit dem PC umgehen können bzw. nicht können, nicht zwischen verschiedenen Bevölkerungsschichten, Ländern etc. sondern nur zwischen jung und alt. Diese Trennlinie wird sich im Laufe der Zeit auf natürlichem Weg aufheben; zurück bleibt eine Generation die mit neuen Medien aufgewachsen ist.

- Der zunehmende Einsatz von PCs am Arbeitsplatz fördert die Fähigkeit mit elektronischen Medien umzugehen. Auch Mitarbeiter die sich grundsätzlich gegen solche Technologien sperren, werden irgendwann gezwungen sein, sich damit auseinanderzusetzen.[95]

Zur Akzeptanzerhöhung beitragen wird auch das hohe Engagement der Europäischen Kommission im Bereich EP. Nicht nur wurde mittlerweile die dritte Studie zu diesem Thema in Auftrag gegeben; die Thematik wurde auch beim Ministerrat-Treffen 1994 in Korfu bzw. beim G7-Treffen in Brüssel (1995) angesprochen. Die Ergebnisse dieser Studien und Gespräche haben dazu geführt, daß das Projekt INFO 2000 ins Leben gerufen wurde. Diese Initiative der europäischen Kommission zielt darauf ab, auf politischer Ebene den Übergang vom gedruckten zum elektronischen Wort zu unterstützen und zu vereinfachen. „Ihre vier Langzeitziele sind in der Ratsentscheidung aufgeführt, die das INFO 2000-Programm angenommen hat und zielen darauf ab,

- eine attraktive Grundlage für die Entwicklung der europäischen Inhalteindustrie zu schaffen

- den Bedarf für und die Nutzung von Multimedia zu stimulieren

- die Beiträge fortgeschrittener Informationsdienste für die berufliche, soziale und kulturelle Entwicklung der Menschen in Europa zu verbessern

- und den Austausch von Erfahrungen zwischen Multimediaanwendern und solchen die Multimediaprodukte und -infrastrukturen bereitstellen, zu fördern."[96]

Die Politik hat die Notwendigkeit von Multimedia erkannt, Unternehmen und besonders Verlage dürfen sich dieser Entwicklung nicht verschließen. Die Akzeptanz von Multimedia-Produkten wird sich in Zukunft vorraussichtlich noch deutlich erhöhen, der Besitz der technischen Voraussetzungen zunehmen. Für Verlage bietet sich über MFV die Chance zur risikoarmen Ausweitung ihres Produktprogrammes, gekoppelt mit sehr gut zu beurteilenden Marktchancen.

---

[94] Anlage 4 zeigt diesen Sachverhalt exemplarisch für Online-Nutzer im Vergleich zur Gesamtbevölkerung
[95] Vgl. WÖSSNER, „Informationsgesellschaft und Demokratie", a.a.O.; SCHRAPE, „Der Medienkonsument 2010", w&v special Future 51/95, S. 48
[96] O.V. „Electronic Publishing - Strategic Developments ...", Executive Summary, a.a.O., S. iv

V. Fazit

Wie in der vorliegenden Arbeit gezeigt wurde, ist die Frage nach der Wirtschaftlichkeit von MFV durch elektronische Medien nicht einfach mit „ja" oder „nein" zu beantworten. Vielmehr muß für jedes einzelne Projekt genau abgewägt werden, welche Ressourcen (Rechte, EDV, Know-how) bereits im Unternehmen vorhanden sind oder noch beschafft werden müssen, bzw. wie die Absatzchancen für das Produkt genau zu bewerten sind. Nur so kann eine Abschätzung, ob sich das Projekt finanziell rentieren wird getroffen werden.

Grundsätzlich kann gesagt werden, daß elektronische Medien ein deutliches Kostensenkungspotential beinhalten. Ob dieses zum Tragen kommen wird, hängt jedoch ganz davon ab, wie viele Investitionen getätigt werden müssen, und vor allem ob die Abnehmer von dem Produkt zu überzeugen sind.

Zumeist werden sich Kostensenkungen erst nach einiger Zeit, mit zunehmenden Ressourcen und Erfahrungen und vor allem zunehmenden Absatzzahlen bemerkbar machen.

Untersuchungen belegen, daß die Voraussetzungen für die Nutzung elektronischer Medien in Deutschland kontinuierlich zunehmen. Spätestens für die Jahrtausendwende wird ein Potential für Offline Medien von über 45 Mio. bzw. für Online-Medien von über 20 Mio. vorausgesagt. Auch die Akzeptanz neuer Medien in der Bevölkerung nimmt deutlich zu. Unternehmen, Politik und nicht zuletzt die Produkte selbst überzeugen immer mehr Abnehmer sich den neuen Möglichkeiten zu öffnen. In naher Zukunft werden elektronische Medien einen großen Teil unseres Informations-, Freizeit und Einkaufsverhaltens bestimmen.

Viele Unternehmen der Kommunikationsindustrie haben dies erkannt und bereits mit EP begonnen. Auffallend ist dabei vor allem das große Engagement branchenfremder Industrien. In diesem boomenden Markt gilt es sich schon heute die Marktanteile von morgen zu sichern.

Unternehmen die sich auf die Möglichkeiten der Informationsbereitstellung über elektronische Medien einstellen, die genauen Anforderungen der Abnehmer eroieren und umsetzen, werden sich auch in Zukunft behaupten können.

Mehrfachverwertungen bieten hierzu die besten Chancen. Sie erlauben es den Verlagen ihr Produktprogramm weitestgehend risikolos zu diversifizieren, schon heute Erfahrungen mit der Konzeption und Herstellung elektronischer Medien zu sammeln und sich in den Regalen des Handels bzw. den Köpfen der Abnehmer zu positionieren. Der Umstieg auf eigenständige elektronische Publikationen ist dann sehr viel einfacher zu vollziehen. Der Vorteil von Mehrfachverwertungen liegt im Aufbau des „multimedialen Denkens" der beteiligten Mitarbeiter sowie in der frühen Orientierung der gesamten Produktpolitik am Abnehmer.

Der Einstieg in EP ist heute also weniger als eine Maßnahme zur kurzfristigen Gewinnsteigerung sondern vielmehr als eine strategische Maßnahme zur Weiterentwicklung des gesamten Unternehmens anzusehen.

Verzeichnis der verwendeten Literatur

AG Vertrieb erarbeitet Empfehlungen für CD-ROM-Produktionen, AG Elektronisches Publizieren im Börsenverein des deutschen Buchhandels, in: Börsenblatt für den Deutschen Buchhandel 94/95, veröffentlicht im Internet

Baustellen im Internet, O.V., in: Buchmarkt 9/96, S. 68 ff.

Bertelsmann Lexikon Informatik - EDV - Computertechnik, Lexikon-Institut Bertelsmann

Bertelsmann produziert elektronische Bücher, O.V., Süddeutsche Zeitung 04.10.1995, S. 25

Blick in die Zukunft, Jörg Czycholl, in: w&v special Future 51/95, S. 80 f.

CD Publisher mit roten Zahlen, O.V., in: Multimedia Magazin Juli 96, S. 1

CD-ROM: Einstieg ins Multimediazeitalter?, Iris Bellinghausen, in: Media Perspektiven 10/95, S. 489 ff.

Computergestütztes Publizieren - CAP im praktischen Einsatz, Lutz Kredel (Hrsg.), Springer Verlag

Das gedruckte Wort im virtuellen Dschungel, O.V., in: w&v special Future 51/95, S. ___

Datennetz mit Fallstricken, O.V., w&v special Multimedia 44/96, S. 4-8

Der Medienkonsument 2010, Schrape, w&v special Multimedia 44/96, S. 48 ff.

Der Verlagskaufmann, Reinhard Mundhenke, Societäts Verlag

Deutscher Multimedia Kongreß `96, Glowalla/Schoop (Hrsg.), Springer Verlag

Die Fische beißen noch nicht an, O.V., w&v special Multimedia 44/96, S. 20-24

Die Scheibe ist nicht zu bremsen, O.V., w&v special Multimedia 44/96, S. 28-30

Die Zukunft gehört der Zeitung, Josef Joffe, Süddeutsche Zeitung 22.05.1995, S. 4

Einführung in die allgemeine Betriebswirtschaftslehre, Wöhe, Verlag Vahlen

Electronic Publishing in Europa: Mehr interaktives TV, weniger CD-ROM, O.V., Multimedia 12/96, S. 6 f.

Electronic Publishing, Jens Amail, Hightext Verlag München

Electronic-Publishing - Strategic Developments for the European Publishing Industry towards the year 2000, Studie der Andersen Consulting im Auftrag der Europäischen Kommission, (Executive Summary publiziert im Internet)

Elektronisch publizieren - aber wie?, U. Faure, in: Buchmarkt 9/96 bis 11/96

Elektronisches Publizieren - eine kritische Bestandsaufnahme, Riehm u.a., Springer Verlag, Heidelberg

Elektronisches Publizieren - Übersicht, Grundlagen, Konzepte, Kist, Raabe Verlag

Fachverlage: Behutsame Wege zum Electronic Publishing, Andreas Vogel, in: Media Perspektiven 10/96, S. 526 ff.

Florierende Geschäfte, O.V., in: Multimedia Magazin Juli 96, S. 5 ff.

Glückliche Ehe von Print und Electronic, O.V., in: Buchmarkt 10/96, S. 114

Götterdämmerung am Bücherhimmel, O.V., in: w&v PLUS 39/95, S. 160 ff.

Hat das Buch Zukunft?, O.V., in: druckwelt 11/96, S. 29 f.

Informationsgesellschaft und Demokratie - Was bedeutet die digitale Revolution für die Gesellschaft?, Mark Wössner in Tauss/Kollbeck/Mönikes (Hrsg.) Deutschlands Weg in die Informationsgesellschaft. Herausforderungen und Perspektiven für Wirtschaft, Wissenschaft, Recht und Politik, Baden-Baden 1996

Interaktive Medien im professionellen Einsatz, W. Müller, Addison-Wesley Verlag

Juristisches Chaos, Tilman Baumgärtel, in: InSight 4/95, S. 22 ff.

Kein Goldesel, Frank M. Ohlsen, in: Medienspiegel 44/96, S. 6

Leipziger Empfehlungen zum elektronischen Publizieren, Börsenverein des deutschen Buchhandels - Arbeitskreis Elektronisches Publizieren; veröffentlicht im Internet

Mehr als Zeitungstexte im Computer, J. Möller, Süddeutsche Zeitung 23.2.95, S. 904

Meine Rechte als Urheber, Gernot Schulze, Beck-Rechtsberater im dtv

Multimedia - Das Handbuch für interaktive Medien, Graf/Treplin, Hightext Verlag München

Multimedia - Die schöne neue Welt auf dem Prüfstand, K. v. Haaren/Detlef Hensche (Hrsg.), VSA Verlag, Hamburg

Multimedia '94 - Grundlagen und Praxis, Glowalla u.a. (Hrsg.), Springer Verlag

Multimedia bringt Gewinn, Hans Baier, in: Buchhändler heute 8/96, S. 48 f.

Neuer Nutzwert, O.V., in: w&v PLUS 39/95, S. 165

Nichts ist für die Ewigkeit, O.V., in: Multimedia Magazin Oktober 96, S. 3 ff.

Nur für Mitglieder, Liedtke, TV Today Online 1-96/97, S. 112 f.

Nur zwei Prozent „surfen" im Internet, O.V., in: Marketing Journal 3/96, S. 184 f.

Online Dienste für ein Massenpublikum?, J. Zimmer, in: Media Perspektiven 10/95, S. 476 ff.

Online-Offline, Springer Verlag, Hamburg, Oktober 1996

Reisebericht „Elektronisches Publizieren und Bibliotheken" in Bielefeld 05.-07.02.1996, Joachim Schoch-Bösken; veröffentlicht im Internet

Situation und Perspektiven der interaktiven Medien und die damit verbundenen Chancen und Risiken für Gruner + Jahr, Emma Mascall/Anett Stuermann, Gruner + Jahr 1995

Stichwort: Information Highway, Sissy Pitzer, Heyne Verlag München

Vom Regal ins Netz, O.V., Süddeutsche Zeitung 30.11.95, S. 802

Von der Kolonialisierung des Cyberspace, O.V., w&v special Future 51/95, S. 32 ff.

Wie ein Buch entsteht, Röhring, Wissenschaftliche Buchgesellschaft

Wie eine Kletterpflanze, Ignaz Staub, Süddeutsche Zeitung 23.02.1995, S. 904

Zukunft Multimedia, Middelhoff, Bertelsmann Briefe Herbst/Winter 1995, veröffentlicht im Internet

Anlage 1 - Übersicht über die Offline-Publishing Technologien[1]

	Diskette (3,5")	Elektronisches Buch	CD-ROM	CD-I	Video CD	SDD	MCD	CD-R	CD-E
			Compact Disc Read Only Memory	Compact Disc Interactive		Super Density Disc	Multimedia CD auch: Multisession CD, CD Plus	Compact Disc Recording	Compact Disc Erasable
Anbieter/ Entwickler	verschiedene	Verschiedene z.B. Data Discman von Sony	verschiedene	Philips	Sony, JVC, Philips	Toshiba, Time Warner	Philips, Sony		
Abspielgerät	Disketten-Laufwerk	Data Discman	CD-ROM Laufwerk	CD-I Player als Ausgabegerät wird der Fernseher benutzt	CD-ROM Laufwerk, CD-Player (mit MPEG-Erweiterung)		Audio-CD-Player CD-ROM Laufwerk		
Verbreitung Abspielgerät	sehr gut	gering; 1994: ca. 20.000 Geräte in Deutschland	BRD: ca. 2 Mio. (Angaben variieren)	weltweit: 1,6 Mio.					
Verbreitung Software	sehr viele Titel			gering 1994: 150 Titel					
Speicherkapazität	1,44 MB ca. 1000 Schreibmaschinen-seiten		650 MegaByte = 460 Disketten = 200.000 S. Text = 4000 Bilder = 10 Std. Ton = 90 Min. Video	etwa 70 min. Film	ca. 74 min. Film	7,4 GigaByte			
Besonderheiten			Daten können nur gelesen werden		wurde als Konkurrenz zur VHS Videokassette entwickelt	wird vorder- und rückseitig beschrieben	doppelte Beschichtung	eignet sich für eine einmalige Aufzeichnung	kann bis zu 100mal bespielt werden
Hauptprobleme	geringe Speicherkapazität				begrenzte Speicherkapazität				
Hauptvorteile	weite Verbreitung		hohe Speicherkapazität, günstiger Preis, einfache Vervielfältigung						

[1]nach: - BELLINGHAUSEN, „CD-ROM..." in: Media Perspektiven 10/95, S. 489 ff.

Anlage 2 – die wichtigsten Online-Dienste in Deutschland – Ein Überblick[2]

	INTERNET	T-Online	CompuServe	America Online	Microsoft NW
Betreiber	Kein Betreiber - globaler Datenverbund	Deutsche Telekom AG	H&R-Block-Gruppe, Ohio	America Online, Bertelsmann	Microsoft
Markteintritt	1972	1981 nur in der BRD erhältlich	1979	USA: 1985 BRD: Ende 1995	Herbst 1995 weltweiter Start
Anzahl d. Nutzer[3]	weltweit 30 Mio.	ca. 1,2 Millionen	4,7 Millionen weltweit, BRD: 270.000	6,2 Millionen weltweit, BRD: 150.000	1,6 Millionen weltweit, BRD: 50.000
Kosten (neben den Telefongebühren)	Anschlußgebühr an einen Provider	Monatl. Grundgebühr DM 8,- Zeitgebühr: DM 3,60 pro Std.	Monatl. Grundgebühr $9,95 (16,-DM) inkl. Basisdienste, für Extradienste $2,95 (5,40 DM) pro Stunde	Monatl. Grundgebühr $9,95 (9,90 DM) inkl. fünf Std. Zugang, jede weitere Std. kostet $2,95 (6,- DM)	12,- DM inkl. 2 Std. Online Zugang (jede weitere Stunde 6,- DM) bzw. DM 49,- bei unbegrenztem Online-Zugang
Zielgruppe	Anwender mit viel Zeit und wenig Geld - immer mehr Profis und Geschäftsleute	Deutsche Computeranwender mit breitgefächertem Interesse	Computerprofis und Vielreisende Geschäftsleute sind die Hauptzielgruppe	Private Haushalte insbesondere Familien	Computerfreaks, Hobbyanwender, Familien mit Kindern
Anzahl der Einwählknoten	Alles Vor- und Unvorstellbare	in jedem Ortsnetz	16	60	33
Inhalte	Alles Vor- und Unvorstellbare	Informations-Programme, Chat-Systeme, Datenbanken, Tele-Shopping, Telebanking, Elektronisches Telefonbuch	Foren, Nachrichten, Film/TV, Kultur, Wetterinfos, Reisedienste, diverse Zeitungen	Kommunikation, Entertainment, Computing, Bildung & Gesundheit, Zeitungen & Zeitschriften, Wirtschaftsdienste	Kunst, Unterhaltung, News & Wetter, Wirtschaft und Finanzen, Sport und Gesundheit, Forschung & Technik, Computing, Haus & Familie
Werbung- und Marketingmöglichkeiten	Im Prinzip keine Grenzen, aber Vorsicht vor unerwünschter Werbung und Hackern	Online-Shopping und Werbeeinschaltungen möglich	Electronic Mall, Firmen können auch eigene Foren betreiben und als Werbeträger gestalten	Werbung nur in Foren und Datenbanken möglich, keine unverlangte Werbung bei AOL	Kundendienste & Produktinfos, Datenbanken, Online-Shopping, Werbeeinschaltungen

Die Online Dienste Europe Online und E-World wurden 1996 bzw. 1997 eingestellt.

[2]entnommen aus: MASCALL/STUERMANN, Situationen und Perspektiven der interaktiven Medien, Gruner + Jahr 1996 ergänzt und aktualisiert nach: LIEDTKE, „Nur für Mitglieder", TV TODAY Online 1-96/97, S. 113
[3]Quelle: TV Today 11/95

v

Anlage 3 - Börsenverein d. Deutschen Buchhandels, Leipziger Empfehlungen - Auszüge

I. Zielsetzung der Empfehlungen

Elektronische Publikationen sind inzwischen Bestandteil verlegerischer Arbeit geworden. Textliche Information kann heute den Benutzer auf den unterschiedlichsten Datenträgern erreichen. Diese neuen möglichen Formen der Vervielfältigung verlegerisch zu nutzen, gehört heute zu den die Branche verändernden Anforderungen. Im Mittelpunkt verlegerischen Interesses ist die Verbreitung von Publikationen über die CD-ROM als Trägermedium gerückt; sie ergänzt und ersetzt das Trägermedium Papier. Auch wenn das Spektrum Elektronischen Publizierens weit darüber hinaus geht, sind die nachfolgenden Empfehlungen weitgehend auf diese Publikationsform zunächst abgestellt.

Wenn noch vor einigen Jahren nicht zu unrecht die Frage nach dem "Ob" gestellt wurde, so kann heute nur die Frage nach dem "Wie" gestellt werden. Dabei muß bedacht sein, daß die zusätzlichen technischen Möglichkeiten, Informationen zu verbreiten, nicht das Ergebnis der Weiterentwicklung der bislang von Verlegern genutzter Technik ist; die neuen Techniken haben andere, in der Entwicklung der Computerindustrie liegende Ursachen. Diese haben nunmehr auch den Buchhandel erfaßt und es wird darauf ankommen, die mit der Kulturtechnik Lesen entwickelten Methoden der Aufbereitung von Informationen in Druckwerken, soweit möglich, auch in die neuen Informationstechnologien zu übertragen und die den neuen innewohnenden weitgehenden Möglichkeiten zu nutzen.

Die Empfehlungen der Arbeitsgruppe Textorientierte CD-ROM (Leipziger Empfehlungen) haben deshalb das Ziel, Elektronische Publikationen zunächst in eine Kontinuität zu gedruckten Werken zu stellen. Insbesondere in der Fach- und Sachinformation sind die in Druckwerken verwendeten Funktionen der Erschließung über viele Jahre hinweg entwickelt und Teil der Arbeitsmethoden der Anwender/Leser geworden. Diese Empfehlung soll aber gleichzeitig Ausgangspunkt einer die Dimensionen elektronischen Publizierens erschließenden Fortschreibung sein.

Die Akzeptanz und das Erkennen der elektronischen Produkte als Erzeugnisse der Verlage werden erheblich gebessert werden, wenn Verlage zu erkennen geben, daß elektronische Produkte nicht mit gänzlich geänderten Erschließungsmethoden in Konkurrenz zu gedruckten Medien treten; fatal wäre der Eindruck, auch Verlage würden letztlich Bücher für "altmodisch" halten und auf Verfahren setzen, die sie selber nicht entwickelt haben, aber für geeigneter halten, als die von ihnen bislang entwickelten Methoden.

Die Empfehlungen der Arbeitsgruppe Textorientierte CD-ROM sollen deshalb die Erarbeitung elektronischer Publikationen ermöglichen, die an die Funktionalität des Buches und damit auch an die Lese- und Arbeitsgewohnheiten der Buchnutzer anknüpfen. Bei der Ausarbeitung der Empfehlungen wurde daher auch nicht in erster Linie auf die Fülle der in elektronischen Anwendungen möglichen Funktionen abgestellt, sondern vielmehr auf die Funktionalität des bislang verwendeten Mediums und die Übertragung dieser gewachsenen und bewährten Funktionen auch in Elektronischen Publikationen. Bei der Formulierung der daraus folgenden Anforderungen an von Verlagen zu benutzende Software wurde daher auch versucht, Begriffe und Methoden aus gedruckten Werken mit denen in Software entwickelten zu verbinden.

Das Ziel des Papiers ist es nicht, Maximalforderungen aufzustellen; vielmehr kommt es darauf an, Minimalforderungen zu formulieren, die zu erfüllen nach dem Stand der Technik möglich sind. Diese Minimalforderungen betreffen sowohl die formale Aufbereitung als auch die Funktionalität der Software. Angesichts der raschen Weiterentwicklung werden die Empfehlungen fortgeschrieben werden müssen; darüber hinaus können die Empfehlungen auch nach dem jetzigen Stand der Technik noch nicht abschließend sein, denkt man nur z.B. an das Problem der Zitierfähigkeit von EP-Publikationen; diese Frage stellt sich insbesondere bei "monographischen", abgeschlossenen EP-Publikationen, weniger bei Datenbanken mit ständig veränderten Inhalten.

Für den speziellen Bereich der Lernprogramme liegt bereits ein von den Verlagen Georg Thieme Verlag, Springer Verlag und Urban & Schwarzenberg in Zusammenarbeit mit Apple Computer erarbeitete Empfehlung mit dem Titel "Interface Qualität" vor. Diese Guidelines haben die einheitliche Gestaltung von Benutzeroberflächen für Lernprogramme als Basis für den benutzerfreundlichen Einsatz von Bildungssystemen zum Ziel. Verlagen soll mit den Empfehlungen der Weg geöffnet werden, den bisherigen Aufbereitungsmethoden folgend den Übergang auch in elektronische Publikationen zu vollziehen. Sie stellen den Anspruch, die Komplexität elektronischen Publizierens zu erfassen; vielmehr sollen sie in einer Zeit des Übergangs gleichsam die Schnittstelle bilden zwischen traditionellen und elektronischen Publikationen. Gleichzeitig sollte damit ein für die Verlage gemeinsamer Grundlagen-Standard entwickelt werden, der sowohl im Gespräch mit Softwareanbietern eine Hilfestellung bieten soll, als auch dem Nutzen von EP-Publikation ein einheitliches Erscheinungsbild von Verlagsveröffentlichungen in diesem Bereich gewährleisten soll. Damit kann zugleich die Eigenständigkeit des Buchhandels in seiner Funktion als Informationsbranche deutlich gemacht werden.

II. Empfehlungen der Arbeitsgruppe

A. Formale Anforderungen
Jederzeit aufrufbare Teile: Der Benutzer sollte sich stets über die das Werk beschreibenden und erschließenden Teile informieren können. Daher müssen von jeder Stelle des Programms Inhaltsverzeichnisse, Titelei, Impressum/Lizenz-Vermerkaufrufe sein.

Weitere optional aufrufbare Verzeichnisse : Über die unter A. 1. genannten Teile sollen weitere, vom Verlag gewünschte Teile in gleicher Weise aufrufbar sein (z.B. Literaturverzeichnisse, Abkürzungsverzeichnisse etc.).

3. "Cover-Page", Titelei, Inhaltsverzeichnisse: Unter Berücksichtigung sequentieller Anordnung (siehe B. 3. dieser Empfehlungen) soll die Aufeinanderfolge von Cover-Page, Titelei und Inhaltsverzeichnisse angenähert an die Buchveröffentlichungen erfolgen; bei jedem Programmstart muß jeweils die Cover-Page erscheinen.

B. Buchnahe funktionelle Anforderungen
1. Erzeugung von Buchtypographie: In graphischen Darstellungsoberflächen (siehe C. 1.) ist typographische Darstellung möglich. Daher soll grundsätzlich Typographie mit weiteren Auszeichnungsmöglichkeiten verwendet werden.

2. Zugang über aufrufbare Volltextregister: Der Text muß über Volltextregister erschlossen werden. Die üblichen Verknüpfungen in der Abfrage (und, oder) müssen möglich sein.

3. Zugang auch über Inhaltsverzeichnisse/Gliederungen: Über jederzeit aufrufbare Inhaltsverzeichnisse/Gliederungen muß der Zugang zum Werk unmittelbar möglich sein. Der Zugang erfolgt durch Aktivieren der entsprechenden Zeile/n des Inhaltsverzeichnisses/der Gliederung mit der Folge, daß die entsprechende Stelle der Textbasis angezeigt wird. B. 5. dieser Empfehlungen (Scrollen in sequentiellen Text) muß realisiert werden. Diese Funktion entspricht dem bisherigen Gebrauch dieser Erschießungselemente und muß auch in EP-Veröffentlichungen möglich sein.

4. Verweisfunktionen: Verweise innerhalb eines Werkes sind ein wesentliches Erschließungselement von Büchern. Wegen der sequentiellen Struktur von Büchern muß; deshalb eine außerhalb der sequentiellen Struktur liegende Zugriffsmöglichkeit gegeben werden. Sie muß; unmittelbar zu der entsprechenden Textstelle führen; die im Folgepunkt B. 5. genannten Grundsätze müssen Anwendung finden. Der Benutzer muß; an die ursprüngliche Textstelle, von der der Verweis ausgegangen ist, zurückspringen können.

5. Sequentielle Darstellung von Texten: Der Gebrauchswert von Büchern liegt in der sequentiellen mehrfach geschichteten Darstellung, da es sich in aller Regel nicht um eine beliebige Aneinanderreihung von Fakten handelt. Datenbankprogramme, die die sequentielle Struktur

zerstören, sind daher für EP-Veröffentlichungen in aller Regel nicht geeignet. Deshalb muß; in EP-Veröffentlichungen eine dem Buch entsprechende Darstellung des Gesamttextes in seiner sequentiellen Struktur möglich sein. Der Benutzer muß sich im Text durch Scrollen wie im Buch beliebig vorwärts und zurück bewegen können. Dies gilt auch, wenn der Benutzer nach einer Recherche an einer der Anfrage entsprechenden Stelle des Textes steht. Dies ist wesentlich, da der Benutzer hierdurch auch die im Umfeld angrenzenden Textteile sichern kann.

6. Fußnotendarstellung: Ebenso wie die Verweisfunktion, die zu einer anderen Textstelle führt, ist die Fußnote wesentliches Element sequentiell strukturierter Texte. Sie ermöglicht eine außerhalb des Texte liegende, aber mit der Textstelle in enger Verbindung stehende Anmerkung. Die Anmerkungen müssen an jeder Stelle des Textes aufrufbar eingeblendet werden können

7. Notizfunktionen: Das Verfassen von Anmerkungen durch den Nutzer der Veröffentlichung (Notizen am Rand eines Buches) sind ein wesentliches Merkmal beim Gebrauch von Texten. Daher soll das Anbringen solcher nutzerspezifischer Anmerkungen an jeder Stelle des laufenden Textes möglich sein (siehe auch Update-Erhaltung unter C. 4.). Über eine Liste der vom Nutzer angebrachten Notizen, die jederzeit auszugeben sein soll, muß; die entsprechende Textstelle aufgerufen werden können.

8. Lesezeichen: Eine der Notizfunktion vergleichbare ist das Lesezeichen, das Markieren einer Textstelle durch den Nutzer. Diese Markierung soll dem Nutzer die Möglichkeit geben, zu jedem Zeitpunkt von einer beliebigen Stelle im Text später wiederum an die von ihm markierte Stelle im Text zu gehen (Positionsmarkierung als Navigationsfunktion). Auch die Lesezeichen müssen an jeder Stelle des Textes über eine Liste zur Verfügung gestellt und aufgerufen werden können.

9. Mehrere aufgeschlagene Bücher: Es soll die Möglichkeit bestehen, mehrere getrennt voneinander erschienene Publikationen eines Verlages gleichzeitig durchsuchen zu können (Öffnen und Zusammenschalten mehrerer Datenbasen).

10. Kolumnentitel: In sequentiellen Textbasen, insbesondere mit längeren Textabschnitten bedarf es der Orientierung, in welchem Bereich der Veröffentlichung man sich befindet. Dies ist auch erforderlich, da die am Bildschirm darstellbare Textmenge begrenzt und in aller Regel geringer als eine Textseite in einem Buch ist. Diese Orientierung wird im Buch durch den lebenden Kolumnentitel gegeben; in elektronischen Publikationen muß; eine vergleichbare, jeweils mitlaufende Abschnittskennzeichnung (sinnvollerweise dem den Inhalt erschließenden Verzeichnis folgend) am Bildschirm ausgegeben werden.

C. Weitere EP-spezifische funktionelle Anforderungen
1. Graphische Darstellungsoberfläche: Die graphische Darstellungsoberfläche ist Voraussetzung für die Einhaltung der in diesen Empfehlungen aufgestellten Grundsätze. Die weitere Ausgestaltung der Funktionen in der graphischen Darstellungsoberfläche sollte in Abstimmung mit den in der Computerindustrie entwickelten und den im Bereich der Multimedia-Anwendungen entstehenden Grundsätzen fortentwickelt werden.

2. Hervorhebung gesuchter Begriffe und Positionierung: Bei der Recherche muß; das Suchergebnis im Dokument optisch markiert werden. Es muß; der Text um die markierte Textstelle dargestellt werden, d.h., die gesuchte Textstelle muß unmittelbar am Bildschirm angezeigt werden, ohne zuvor "querlesen" zu müssen (Positionierung).

3. Navigationsfunktion: Navigationsfunktionen müssen zur Verfügung gestellt werden. Dazu zählen Hypertext, Notes, History, History Backtrack (Zurückverfolgungen der Abfragen mit Anwahl zurückliegender Abfragen).

4. Update-Erhaltung von Notizen: Die unter B. 7. aufgeführte Note-Funktion muß; update-stabil sein; auch bei Lieferung einer neuen, fortgeschriebenen Datenbasis müssen die Notes abrufbar bleiben. Notes mit Bezug auf im Update gelöschte Texte werden archiviert, aber nicht mehr als Note angeboten. Eine Note kann sich jeweils nur auf die kleinste Einheit eines Dokumentes beziehen.

5. Übernahme von Texten und Textteilen in Textverarbeitung: Grundsätzlich müssen Bild- und Textelemente über Zwischenablagefunktionen in Textverarbeitungen, die die Zwischenablage verwenden, übernehmbar sein. Auf Wunsch des Verlages muß die für die Übernahme zugelassene Textmenge beschränkbar sein.

6. Systemfunktionen und Thesaurus: Es muß die Möglichkeit bestehen, Synonymlisten verlagsseitig einzugeben und zu pflegen. Diese Synonymlisten dienen der Volltextrecherche. Außerdem muß die Einbindung eines Thesaurus möglich sein.

7. Einheitliche Fortschreibung der Datenbasis: Die Fortschreibung der Datenbasis muß möglich sein und in einem einheitlichen Prozeß der Bearbeitung vom Autor über den Verlag bis zur Produktion erfolgen können. Alle Veränderungen der Basis müssen in ihren Auswirkungen sogleich am Bildschirm dargestellt werden.

Fußnoten:
(1) Übereinstimmend mit Interfacequalität Guidelines; dort: Es muß eine dem Impressum vergleichbare Möglichkeit geben, sich über Autoren, Titel und Rechte-Inhaber zu informieren. Nach dem Programmstart soll deshalb ein Fenster erscheinen, in dem die gewünschte Information zu finden ist ... Dieses Fenster sollte auch durch Betätigung des "Über ..." Menübefehls erscheinen.

(2) Übereinstimmend mit Interfacequalität Guidelines; dort: Text muß immer in dunkler Farbe auf hellem Hintergrund in einer auf dem Bildschirm gut lesbaren Schrift ... ausgegeben werden.

Anlage 4 - Ausgewählte Grafiken zur Marktentwicklung von Online und Offline-Medien

Kundenresonanz auf neue Medien[4]

(Angaben in Prozent)

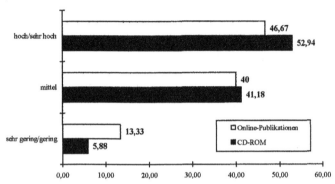

Besitz/Anschaffung eines privaten PCs[5]

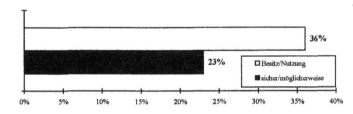

Basis: Bevölkerung 18-64 Jahre, voll berufstätig oder in Ausbildung (29,09 Mio.)

---

[4] nach: GRAF/TREPLIN, „Multimedia Handbuch", Abb. 2.4.7-01
[5] nach Online-Offline, Spiegel Verlag 1996

Anschaffungsabsichten von PCs für den Arbeitsplatz[6]
(Angaben in Prozent)

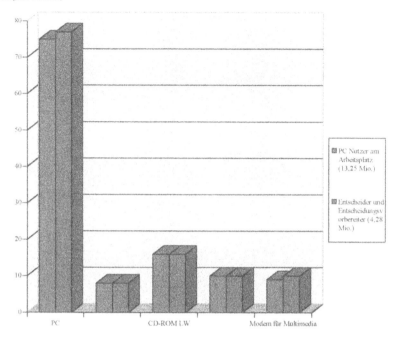

Ausstattung der privat und beruflich genutzten PCs in der BRD[7]

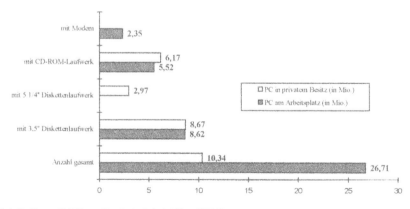

Basis: Bevölkerung 18-64 Jahre, voll berufstätig oder in Ausbildung (29,09 Mio.)

[6] nach Online-Offline, Spiegel Verlag 1996
[7] nach Online-Offline, Spiegel Verlag 1996

Jährliche Ausgaben für Hard- und Software[8]

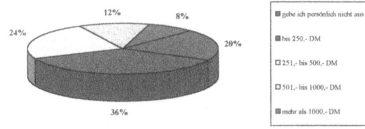

Basis: Besitzer/Nutzer von privaten PCs (10.34 Mio.)

Multimedia Anwendungen über CD-ROM - Nutzung und Interesse[9]

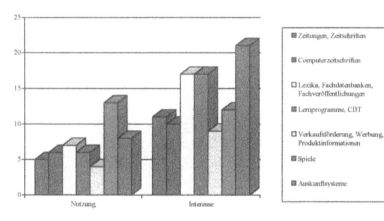

Basis: Bevölkerung 18-64 Jahre, voll berufstätig oder in Ausbildung (29,09 Mio.)

Interesse an Multimedia CD-ROMs[10]

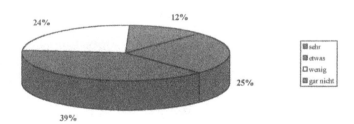

Basis: Besitzer/Nutzer von privaten PCs mit CD-ROM Laufwerk (5,51 Mio.)

---

[8] nach Online-Offline, Spiegel Verlag 1996
[9] nach Online-Offline, Spiegel Verlag 1996
[10] nach Online-Offline, Spiegel Verlag 1996

Nutzungshäufigkeit von CD-ROMs[11]

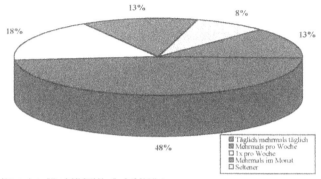

13%

8%

18%

13%

48%

☑ Täglich/mehrmals täglich
☑ Mehrmals pro Woche
☐ 1x pro Woche
☑ Mehrmals im Monat
☐ Seltener

Basis: Nutzer privater PCs mit CD-ROM Laufwerk (5,51 Mio.)

Potentiale von CD-ROM-Applikationen[12]

(Angaben in Millionen)

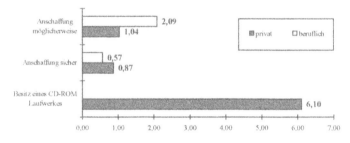

Anschaffung möglicherweise   2,09
1,04

■ privat   ☐ beruflich

Anschaffung sicher   0,57
0,87

Besitz eines CD-ROM Laufwerkes   6,10

0,00   1,00   2,00   3,00   4,00   5,00   6,00   7,00

[11] nach Online-Offline, Spiegel Verlag 1996
[12] nach Online-Offline, Spiegel Verlag 1996

Nutzung/Interesse der Bevölkerung an Multimedia-Diensten über Online[13]

(Angaben in Prozent)

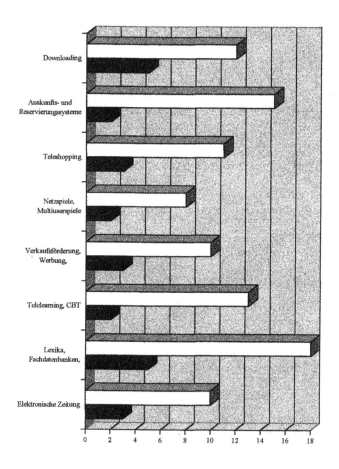

Basis: Bevölkerung 18-64 Jahre, voll berufstätig oder in Ausbildung (29,09 Mio.)

---

[13] nach Online-Offline, Spiegel Verlag 1996

Nutzung von Online-Angeboten[14]

(Angaben in Prozent)

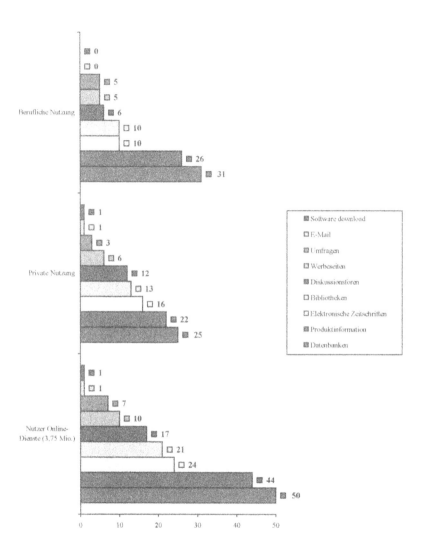

Basis: Bevölkerung 18-64 Jahre, voll berufstätig oder in Ausbildung (29,09 Mio.)

---

[14] nach Online-Offline, Spiegel Verlag 1996

Demografie der Online Nutzer im Vergleich zur Gesamtbevölkerung[15]
(Angaben in Prozent)

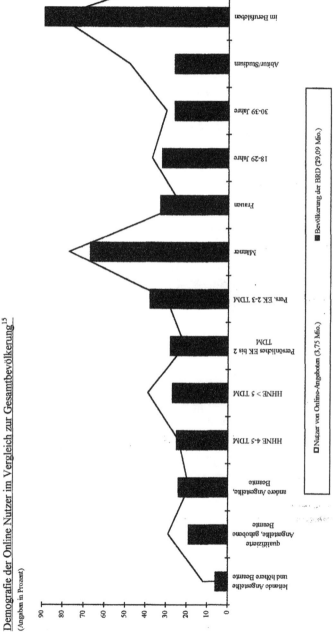

□ Nutzer von Online-Angeboten (3,75 Mio.)   ■ Bevölkerung der BRD (29,09 Mio.)

[15] nach Online-Offline, Spiegel Verlag 1996

Potentiale von Online-Medien[16]
(Angaben in Millionen)

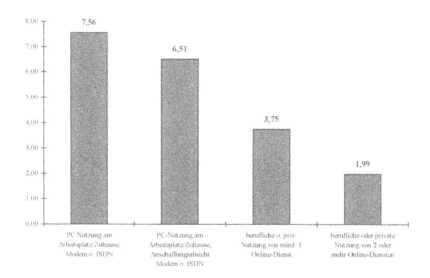

Einkäufe im Internet, ausgewählte Daten[17]
(Angaben in Prozent)

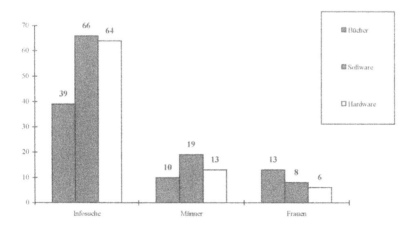

[16] nach Online-Offline, Spiegel Verlag 1996
[17] nach: „Die Fische beißen noch nicht an", w&v special Multimedia 44/96, S. 20-24

Diplom.de

Wissensquellen gewinnbringend nutzen

Qualität, Praxisrelevanz und Aktualität zeichnen unsere Studien aus. Wir bieten Ihnen im Auftrag unserer Autorinnen und Autoren Wirtschafts-studien und wissenschaftliche Abschlussarbeiten – Dissertationen, Diplomarbeiten, Magisterarbeiten, Staatsexamensarbeiten und Studien-arbeiten zum Kauf. Sie wurden an deutschen Universitäten, Fachhoch-schulen, Akademien oder vergleichbaren Institutionen der Europäischen Union geschrieben. Der Notendurchschnitt liegt bei 1,5.

Wettbewerbsvorteile verschaffen – Vergleichen Sie den Preis unserer Studien mit den Honoraren externer Berater. Um dieses Wissen selbst zusammenzutragen, müssten Sie viel Zeit und Geld aufbringen.

http://www.diplom.de bietet Ihnen unser vollständiges Lieferprogramm mit mehreren tausend Studien im Internet. Neben dem Online-Katalog und der Online-Suchmaschine für Ihre Recherche steht Ihnen auch eine Online-Bestellfunktion zur Verfügung. Inhaltliche Zusammenfassungen und Inhaltsverzeichnisse zu jeder Studie sind im Internet einsehbar.

Individueller Service – Gerne senden wir Ihnen auch unseren Papier-katalog zu. Bitte fordern Sie Ihr individuelles Exemplar bei uns an. Für Fragen, Anregungen und individuelle Anfragen stehen wir Ihnen gerne zur Verfügung. Wir freuen uns auf eine gute Zusammenarbeit.

Ihr Team der Diplomarbeiten Agentur

Diplomica GmbH
Hermannstal 119 k
22119 Hamburg

Fon: 040 / 655 99 20
Fax: 040 / 655 99 222

agentur@diplom.de
www.diplom.de